Direção espiritual

Dados Internacionais de Catalogação na Publicação (CIP)
(Câmara Brasileira do Livro, SP, Brasil)

Nouwen, Henri J.M.
  Direção espiritual : sabedoria para o caminho da fé / Henri J.M. Nouwen com Michael J. Christensen e Rebecca J. Laird ; tradução de Daniela Barbosa Henriques. – 3. ed. – Petrópolis, RJ : Vozes, 2011.

  Título original: Spiritual direction : wisdom for the long walk of faith.
  Bibliografia.

  1ª reimpressão, 2021.

  ISBN 978-85-326-3530-3

  1. Direção espiritual 2. Vida espiritual – cristianismo I. Christensen, Michael J. II. Laird, Rebecca J. III. Título.

07-4698   CDD-253.53

Índices para catálogo sistemático:

1. Direção espiritual : Cristianismo   253.53

Henri J.M. Nouwen
Com Michael J. Christensen e Rebecca J. Laird

Direção espiritual

Sabedoria para o caminho da fé

Tradução de Daniela Barbosa Henriques

EDITORA
VOZES

Petrópolis

© 2006, da propriedade de Henri J.M. Nouwen,
Michael J. Christensen e Rebecca J. Laird
Publicado mediante acordo com HarperOne,
um selo da Harper Collins Publishers.

Tradução realizada a partir do original em inglês intitulado
Spiritual Direction – Wisdom for the Long Walk of Faith

Direitos de publicação em língua portuguesa – Brasil:
2007, Editora Vozes Ltda.
Rua Frei Luís, 100
25689-900 Petrópolis, RJ
www.vozes.com.br
Brasil

Todos os direitos reservados. Nenhuma parte desta obra poderá ser reproduzida ou transmitida por qualquer forma e/ou quaisquer meios (eletrônico ou mecânico, incluindo fotocópia e gravação) ou arquivada em qualquer sistema ou banco de dados sem permissão escrita da editora.

CONSELHO EDITORIAL

Diretor
Gilberto Gonçalves Garcia

Editores
Aline dos Santos Carneiro
Edrian Josué Pasini
Marilac Loraine Oleniki
Welder Lancieri Marchini

Conselheiros
Francisco Morás
Ludovico Garmus
Teobaldo Heidemann
Volney J. Berkenbrock

Secretário executivo
João Batista Kreuch

Editoração: Sheila Ferreira Neiva
Diagramação: Anthares Composição
Capa: WM design

ISBN 978-85-326-3530-3 (Brasil)
ISBN 978-0-06-075473-0 (Estados Unidos)

Editado conforme o novo acordo ortográfico.

Este livro foi composto e impresso pela Editora Vozes Ltda.

Sumário

Agradecimentos, 7
Prefácio - Do que trata este livro, 9
Introdução - Direção espiritual, 15
Parte I - Volte-se para o Coração, 23
    1 Quem responderá às minhas perguntas?, 25
    2 Onde começo?, 39
    3 Quem sou eu?, 51
    4 Onde estive e aonde vou?, 65
Parte II - Volte-se para Deus na Bíblia, 81
    5 O que é oração?, 83
    6 Quem é Deus para mim?, 101
    7 Como ouço a Palavra?, 117
Parte III - Volte-se para os outros na comunidade, 141
    8 Pertenço a onde?, 143
    9 Como posso ser útil?, 165
Epílogo – Aonde vou partindo daqui?, 187
Apêndices, 193
    1 Vivendo as perguntas – Dez parábolas de Henri Nouwen, 195
    2 Como encontrar um diretor espiritual (Rebecca J. Laird), 197
Leituras extras, 205
Fontes originais e anotações, 213
Permissões da edição original, 221

Agradecimentos

Tecnicamente, Henri Nouwen não escreveu este livro, embora as palavras e a sabedoria sejam suas. Durante a sua vida, escreveu apenas um artigo com as palavras *Direção espiritual* no título e ministrou apenas alguns cursos sobre "Direção espiritual". O livro que você tem em mãos é uma obra póstuma de Direção espiritual criada pelo próprio Henri Nouwen, desenvolvida pelos editores, já que identificamos cadeias de sabedoria atemporal e orientação pessoal em seus vários sermões, artigos, registros em diários, notas de aulas, manuscritos inéditos e obras publicadas, e adaptamos o material principal para uso prático. O processo de dois anos exigiu a permissão e a colaboração do *Henri Nouwen Literary Trust* para recontextualizar Henri, atualizar a sua linguagem, enfocar a sua sabedoria e em muitos pontos construir transições que nos parecessem fiéis ao seu sentido e estilo.

Os editores reconhecidamente manifestam sua gratidão e agradecem a todos que nos assistiram na produção deste livro: Steve Hanselman e John Loudon, da Harper-Collins, por conceitualizar o projeto com Rebecca; Sue Mosteller, testamenteira literária do espólio de Nouwen e os membros do grupo que trabalha com projetos do patrimônio de Henri Nouwen – Nathan Ball, Robert Ellsberg, Gabrielle Earnshaw e Joe Vostermans – por revisar vários rascunhos e nos orientar a partir do seu conhecimento da vida e obra de Henri; Gabrielle Earnshaw, mais uma vez, em sua função de arquivista do Acervo de pesquisa e arquivos de Henri J.M. Nouwen, por nos ajudar a localizar, copiar e verificar material de fonte original e as primeiras versões publicadas dos escritos de Henri; John e Carol Lang e Jeff Wittung, estudantes de doutorado da Universidade Drew, por escanear uma enormidade de documentos de Nouwen para que nós os entremeássemos no manuscrito final; membros da Sociedade Henri Nouwen, especialmente Jeff Imbach e Virginia Hall Birch, que revisaram o manuscrito e ofereceram sugestões úteis; e Michey Maudlin, Roger Freet, Kris Ashley e Carolyn Hollan, nossa persistente equipe editorial da Harper Collins.

Agradecemos sobretudo às nossas filhas adolescentes Rachel e Megan por terem suportado a nossa preocupação em finalizar o livro antes do décimo aniversário da morte de Henri, nosso presente e trabalho de amor por ele. Acreditamos que o presente da sabedoria e amizade que ele nos deu em vida continuará a moldar a vida de outras pessoas nos próximos anos.

Prefácio
Do que trata este livro

Quando era um jovem padre, Henri Nouwen entendia a Direção espiritual como um relacionamento formal para a supervisão e responsabilidade entre um líder espiritual maduro e um novo padre ou ministro[1]. Mais tarde, preferiu os termos *amizade espiritual* ou *amigo da alma*, que transmitiam a relação de doação e receptividade necessária no processo de responsabilidade espiritual e formação da fé[2]. Para Henri, um diretor espiritual era simplesmente alguém que conversa e reza com você sobre a sua vida. A sabedoria e a orientação emergem do diálogo espiritual e do relacionamento de duas ou mais pessoas de fé comprometidas com disciplinas espirituais e com a responsabilidade necessária para viver uma vida espiritual. Assim, no entendimento de Henri, a Direção espiritual pode ser definida como *um relacionamento iniciado por um buscador espiritual que encontra uma pessoa madura de fé que deseje rezar e responder com sabedoria e compreensão as suas perguntas sobre como viver espiritualmente em um mundo de ambiguidade e distrações.*

---

[1] Consulte *To Supervising Ministers* (Berkeley Divinity School Center, 1977).

[2] Consulte *Spiritual Direction* (Reflection. Yale Divinity School, 1981). Henri recomendava – e prescrevia como leitura obrigatória para os seus cursos – *Spiritual Direction and Meditation*, de Thomas Merton (Liturgical Press, 1960) e *Soul Friend*, de Kenneth Leech (Sheldon Press, 1977).

A vida espiritual pauta-se em um paradoxo, diz Henri: "Sem solitude é virtualmente impossível viver a vida espiritual"[3]. Porém, não podemos viver nossa vida espiritual sozinhos. Embora necessitemos de solitude para conhecer Deus, necessitamos de uma comunidade de fé para nos manter responsáveis. Precisamos aprender como ouvir a palavra de Deus, sempre presente em nosso coração. Precisamos de disciplinas de estudo e prática espiritual para discernir a palavra de Deus nas palavras da Escritura. Precisamos de uma igreja ou comunidade de fé que deem oportunidades para venerar e compartilhar, engajando-nos em correções mútuas e suportando provações, confessando nossas culpas, perdoando e celebrando a vida. Também precisamos de guias: amigos espirituais, um diretor espiritual ou um grupo de responsabilidade espiritual que possam funcionar como um local seguro para frutificar a nossa alma.

Henri criava comunidades aonde quer que fosse e, nessas comunidades, oferecia direção espiritual, às vezes formalmente, mas na maioria das vezes em conversas e amizades informais. Também foi diretor espiritual de muitos por meio da sua correspondência pessoal, palestras públicas e escritos publicados. Antes da sua morte, disse aos amigos que, quando morresse, seu espírito estaria acessível àqueles que amou e que o amaram. Assim, acreditamos que a sua própria experiência de direção espiritual com Henri Nouwen seja possível aqui e agora pelo poder da palavra escrita e pela obra do Espírito Santo.

---

[3] *Making all things new*, p. 69 (Renovando todas as coisas. Cultrix).

Como este livro veio a ser escrito

A ideia deste livro surgiu em um simples encontro. Durante um banquete no qual Rebecca falaria sobre Henri Nouwen, uma jovem protestante que estava estudando para ser diretora espiritual estava sentada à sua mesa e relatou-lhe algumas das suas lutas recentes. A depressão resultante da infertilidade a tornara letárgica e sem esperança. Disse: "Ler os livros de Henri foi a única coisa que me fez sobreviver no último verão. Por meio dos seus livros, ele serviu como guia espiritual na minha noite escura".

Como um padre católico romano que estava na casa dos sessenta anos ao escrever seus últimos livros e que nunca passou pelos altos e baixos da infertilidade ou do casamento conseguia tocar o coração ferido dessa mulher? É claro que a depressão atinge todos os gêneros e idades, mas era mais do que isso. Henri falava para necessidades e frustrações espirituais universais e entendia que o mais pessoal também é o mais universal. Viveu a partir da profundidade da tradição espiritual cristã e sabia como ouvir as questões fundamentais subjacentes às lutas humanas comuns.

Muita gente recorre aos livros de Henri em busca de direção espiritual. Entretanto, muitos de nós queríamos ter sentado com Henri e perguntado pelas nossas questões espirituais mais urgentes. Mas isso não é mais possível. Henri se foi fisicamente. Começamos a desejar um livro que levasse os leitores por meio das grandes questões enfrentadas por muitas pessoas ao iniciarem intencionalmente a exploração das questões espirituais universais e que procuram um guia.

Michael, que se beneficiou da Direção espiritual de Henri no seminário, lembrou que ainda tinha as anotações de uma aula ministrada por Henri sobre direção espiritual na Yale Divinity School. Foi o suficiente para começarmos. Buscamos nos arquivos de Henri Nouwen, guardados na Faculdade de St. Michael, em Toronto, seus escritos inéditos sobre formação espiritual por meio de direção espiritual. Nossos achados foram limitados, mas maravilhosos, e exigiram um considerável trabalho de costura e remendo literários.

Juntamos reflexões, apresentações, homilias, anotações de aulas e exercícios recomendados inéditos. Também tecemos materiais originalmente publicados como artigos de diários, que achamos ser mais informais e diretos do que as versões mais polidas encontradas em seus livros. Ocasionalmente, usamos excertos dos livros de Henri, quando nenhuma outra fonte original melhor estava disponível para cobrir o assunto em questão. A tapeçaria resultante é a nossa tentativa, em colaboração com o *Henry Nouwen Literary Trust*, de apresentar a abordagem de Henri a algumas das grandes questões da vida espiritual frequentemente exploradas em qualquer relacionamento de direção espiritual. A nossa intenção é propiciar a experiência de fazer direção espiritual com Henri Nouwen, mediada pelos seus escritos e exercícios recomendados. O manuscrito editado, acreditamos, representa "a vindima de Henri" – o seu mais recente e maduro pensamento e presença relacional na prática de oferecer e receber direção espiritual. Devemos reconhecer, todavia, que a companhia e a responsabilidade que integram o relacionamento de direção espiritual não podem ser copiadas nem substituídas por palavras em uma página. Este livro, direcionado tanto a diretores espirituais quanto aos que buscam direção, pretende encorajar a reflexão pessoal e o engajamento com os outros ao encontrar a sabedoria e a reflexão teológica de Henri.

Cremos que você encontrará neste livro uma ferramenta melhor se usado em conjunto com a conversação divina.

Como este livro pode ser lido

O livro deve ser lido ao menos duas vezes: na primeira vez rapidamente e de maneira direta, talvez de uma só vez; na segunda vez, vagarosa e meditativamente, talvez um capítulo por semana, durante dez semanas. Você pode ler os capítulos sozinho ou em grupo, em sequência ou não, dependendo das suas questões, necessidades e interesses. Esperamos que as questões de "reflexão e diário" no fim de cada capítulo sejam úteis ao refletir e preparar-se para conversar com os outros. Os exercícios no fim de cada capítulo (a maioria usada e recomendada por Henri) devem ser feitos com o seu diretor espiritual, amigo da alma ou em grupo pequeno.

O livro é estruturado em torno de dez questões universais para viver a vida espiritual. As questões estão contidas em parábolas, narrativas pessoais e reflexões bíblicas – conforme Henri estruturava a sua direção espiritual, aulas de formação e retiros. Contava parábolas curtas e pungentes, formulava questões fundamentais e perenes, selecionava e refletia sobretudo a respeito de textos evangélicos, identificava incontáveis disciplinas e imperativos espirituais e recomendava maneiras específicas de aprofundar a fé.

Não importa a maneira pela qual seja lido ou usado, o livro é oferecido como um encontro literário com Henri durante determinado período para o crescimento espiritual pessoal na sua própria comunidade. O material fonte é identificado no fim de cada capítulo, referindo-se aos textos e contextos originais. Os apêndices contêm recursos adicionais para reconhecer e encontrar um diretor espiritual e continuar a disciplina da direção espiritual.

Nós mesmos nos beneficiamos com a direção espiritual pessoal de Henri em vida. Aprendemos com outras pessoas que o conheciam melhor que Henri tinha um talento especial para enfocar as realidades e verdades espirituais em conversas cotidianas. Tinha um grande dom de amizade e hospitalidade.

Agora que Henri se foi, a sua sabedoria permanece. Ainda podemos nos conectar ao seu espírito por meio do que está escrito. Na sua ausência física, todos nós devemos confiar ainda mais no verdadeiro guia e diretor da vida espiritual, que é, obviamente, o Espírito Santo. Acreditamos que Henri aprovaria essa advertência e nos direcionaria continuamente, como fazia em vida, para Deus – o doador, criador e escultor da nossa vida.

Michael J. Christensen
Rebecca J. Laird
24 de janeiro de 2006

Introdução
Direção espiritual

Ao iniciarmos juntos esta jornada pela direção espiritual, quero convidar você a criar espaço para Deus em sua vida. Isso leva tempo e compromisso. Qualquer compromisso com a direção espiritual enseja a oportunidade para a amizade espiritual e propicia o tempo e a estrutura, a sabedoria e a disciplina para criar um espaço sagrado na sua vida onde Deus possa agir. Ao criar um espaço sagrado, você reserva uma parte de si e evita que a sua vida seja completamente cheia, ocupada ou preocupada. A direção espiritual provê um "endereço" na casa da sua vida de forma que você possa ser "identificado" por Deus na oração. Quando isso acontece, a sua vida começa a se transformar de maneiras não planejadas nem esperadas, pois Deus opera de maneira maravilhosa e surpreendente.

A meta da direção espiritual é a formação espiritual – a capacidade sempre crescente de viver uma vida espiritual partindo do coração. Uma vida espiritual não pode se formar sem disciplina, prática e responsabilidade. Há muitas disciplinas espirituais. Quase tudo o que nos solicite regularmente a diminuir o ritmo e ordenar o nosso tempo, nossos desejos e pensamentos para nos opor ao egoísmo, à impulsividade ou ao ofuscamento apressado da mente pode ser uma disciplina espiritual.

Para mim, ao menos três disciplinas clássicas ou práticas espirituais são particularmente úteis no relacionamento da direção espiritual. Elas podem ajudar a criar espaço para Deus dentro de nós: (1) a disciplina do Coração; (2) a disciplina da Bíblia e (3) a disciplina da Igreja ou comunidade de fé. Em conjunto, essas práticas espirituais ajudam-nos a superar as nossas resistências à atenção contemplativa e obediência ativa a Deus e libertam-nos para viver uma vida espiritual consistente e plena[4].

Volte-se para o Coração

A primeira e mais essencial prática espiritual cuja busca deve ser pedida por qualquer diretor espiritual é a disciplina do Coração[5]. Introspecção e oração contemplativa são as antigas disciplinas pelas quais começamos a ver Deus em nosso Coração. A oração interior é uma atenção cuidadosa Àquele que mora no centro de nosso ser. Por meio da oração, despertamo-nos para Deus dentro de nós. Com a prática, permitimos que Deus entre em nossa pulsação e respiração, em nossos pensamentos e emoções, em nossa audição, visão, tato e paladar, e em todas as membranas do nosso corpo. Estando despertos para Deus em nós, conseguimos ver cada vez mais Deus no mundo à nossa volta.

---

[4] Outras disciplinas espirituais clássicas estão incluídas nas três disciplinas de Nouwen, incluindo pobreza ou simplicidade, castidade, obediência, estabilidade, jejum, meditação, contemplação, leitura sagrada, comunidade, serviço, generosidade e muitas formas de oração interior. Consulte *Celebration of discipline*, de Richard Foster (Harper & Row, 1978).

[5] Nouwen usava consistentemente a palavra "coração", significando o nosso ponto de acesso a Deus por meio da oração atenta e contemplativa e da obediência ativa.

A disciplina do Coração nos conscientiza de que rezar não é apenas ouvir *o* Coração, mas ouvir *com o* Coração. A oração nos ajuda a estar na presença de Deus com tudo o que temos e somos: nossos medos e ansiedades; nossa culpa e vergonha; nossas fantasias sexuais; nossa ambição e ira; nossas alegrias, sucessos, aspirações e esperanças; nossas reflexões, sonhos e divagações mentais; e sobretudo nossa família, amigos e inimigos – em suma, tudo o que nos caracteriza. Com tudo isso, temos de ouvir a voz de Deus e permitir que Deus nos fale em todos os recantos do nosso ser.

Todos os recantos do nosso ser, é claro, incluem o corpo físico. De fato, o "Coração" não é puramente um órgão espiritual, mas aquele lugar secreto dentro de nós onde o nosso espírito, alma e corpo reúnem-se em uma unidade do ser. Não existe um coração espiritual desagregado. Somos chamados para amar Deus e o próximo com todo o nosso Coração, alma, entendimento e força (Lc 10,27).

É muito difícil fazer isso, já que somos tão medrosos e inseguros. Escondemo-nos de Deus e dos outros. Tendemos a apresentar a Deus e aos outros somente as partes com as quais nos sentimos relativamente à vontade e que julgamos evocar uma resposta positiva. Então, a nossa vida de oração torna-se muito seletiva e estreita. É claro que a disciplina do Coração requer alguma direção para nos permitir a superação de medos, o aprofundamento da nossa fé e a maior percepção de quem Deus é para nós. Estas perguntas são tipicamente feitas por um diretor espiritual: Como é a sua vida de oração? Como você está abrindo espaço na sua vida para Deus se pronunciar?

Volte-se para Deus na Bíblia

Uma segunda disciplina considerada essencial na direção espiritual é a disciplina da Bíblia, na qual nos voltamos para Deus por meio da *lectio divina* – a leitura sagrada das Escrituras e outros escritos espirituais[6].

Quando estamos realmente comprometidos em viver a vida espiritual, temos de ouvir de maneira muito pessoal e íntima a palavra de Deus transmitida a nós pelas Escrituras. A disciplina da Bíblia é a disciplina de leitura devocional e meditação sobre um texto sagrado que levam à oração. Meditação significa deixar a palavra descer da nossa mente ao nosso coração e assim *se encarnar*. Meditação significa ingerir a palavra, digeri-la e incorporá-la concretamente em nossa vida. Meditação é a disciplina pela qual deixamos a palavra de Deus tornar-se uma palavra para nós e ancorar-se no centro do nosso ser, assim como na fonte das nossas ações. Assim, meditação é a contínua Encarnação de Deus em nosso mundo. A disciplina da Bíblia nos guia pela estrada que leva à verdadeira obediência interior. Pela prática regular da meditação das Escrituras, desenvolvemos um ouvido interno que nos permite reconhecer a palavra de Deus que fala diretamente às nossas mais íntimas necessidades e aspirações. Ao ouvirmos uma frase, uma história ou parábola não para sermos simplesmente instruídos, informados ou inspirados, mas para nos tornar alguém verdadeiramente obediente, então a Bíblia oferece um *insight* espiritual confiável. A prática diária da *lectio*

---

[6] Consulte o cap. 7, "Como ouço a Palavra?", para entender melhor a *lectio divina*.

divina (leitura sagrada) com o passar do tempo transforma a nossa identidade pessoal, nossas ações e a nossa vida comum de fé. Um diretor espiritual maduro ajuda a manter o nosso compromisso com a palavra de Deus honesto e regular, acrescentando a perspectiva de interpretação comunitária. As Escrituras têm uma palavra pessoal para nós, porém o conhecimento dos ensinamentos cristãos históricos nos ajuda a evitar a fácil armadilha de desejar que as Escrituras respaldem nossos próprios planos.

Volte-se para os outros na comunidade

A terceira disciplina fundamental para a direção espiritual é a disciplina da Igreja ou comunidade religiosa. Essa prática espiritual requer que nos relacionemos com o povo de Deus, testemunhando a presença ativa de Deus na história e na comunidade "onde se achem dois ou três congregados em meu Nome" (Mt 18,20).

Uma comunidade religiosa nos lembra continuamente do que está realmente acontecendo no mundo e em nossa vida. A liturgia e o lecionário da Igreja – orações comumente usadas, rituais, passagens bíblicas e um calendário que acompanha a vida de Cristo ao longo do ano – revelam a nós, por exemplo, a completude do evento cristão. Cristo está vindo, Cristo está nascendo, Cristo manifesta-se para o mundo, Cristo está sofrendo, Cristo está morrendo, Cristo está ressuscitando, Cristo está ascendendo ao céu, Cristo está enviando o Espírito. Esses eventos não são simplesmente eventos que ocorreram há muito tempo e que são lembrados com certa melancolia, mas eventos que acontecem na vida cotidiana da comunidade cristã. Na vida de Cristo, lembrada na comunidade e na devoção, Deus nos demonstra a sua presença ativa. É disso que tratam o Advento, o Natal, a Epifania, a Quaresma, a Páscoa, a Ascensão e Pentecostes. A Igreja chama a nossa atenção aos eventos divinos que subjazem toda a história e que nos permitem entender a nossa própria história.

Ouvir a Igreja é ouvir o Senhor da Igreja. Especificamente, isso significa participar da vida litúrgica da Igreja. Durante as épocas do Advento, Natal, Quaresma, Páscoa, Ascensão e Pentecostes, há festas, celebrações e temas que nos ensinam a conhecer melhor Jesus e nos unem mais intimamente à vida divina dentro da comunidade religiosa. Quanto mais deixarmos os eventos da vida de Cristo nos informarem e formarem, mais seremos capazes de vincular as nossas próprias histórias diárias à grande história da presença de Deus em nossa vida. Assim, a disciplina da Igreja, como comunidade religiosa, funciona como nossa diretora espiritual ao orientar nosso coração e nossa mente Àquele que torna a nossa vida realmente plena de eventos. O encontro com um diretor espiritual propicia uma experiência interpessoal com a comunidade cristã e permite conversas centradas sobre como a nossa vida individual é parte da grande e progressiva história de Deus sobre o povo de Deus.

As três disciplinas – o Coração, a Bíblia e a Igreja – requerem discernimento espiritual, responsabilidade e direção para que superemos nossa surdez e resistência e nos tornemos pessoas livres e obedientes que ouvem a voz de Deus até mesmo quando ela nos chama para o desconhecido.

Então, se estiver interessado em começar a jornada, tenho muito mais a dizer, porque a jornada da vida espiritual não requer apenas determinação e disciplina, mas também um conhecimento experimental do terreno a atravessar. Não quero que você tenha de vagar pelo deserto por quarenta anos, como fizeram nossos antepassados espirituais. Nem mesmo quero que você viva lá tanto quanto eu vivi. Embora seja verdade que todos têm de aprender por si mesmos, ainda acredito que podemos advertir aqueles que amamos para que não cometam os mesmos erros que nós. No terreno da vida espiritual, precisamos de guias. Gostaria de ser o seu guia. Espero que esteja interessado em me acompanhar.

Henri J.M. Nouwen

Parte I
Volte-se para o Coração

1
Quem responderá às minhas perguntas?

Certa vez, um monge budista veio me visitar e me contou a seguinte história:

O mestre zen
Há muitos anos, havia um jovem que buscava a verdade, a felicidade, a alegria e a forma correta de viver. Após muitos anos viajando, muitas experiências diferentes e muitas dificuldades, percebeu não ter encontrado nenhuma resposta às suas perguntas e que precisava de um professor. Um dia, ouviu falar sobre um famoso Mestre Zen. Imediatamente foi ao seu encontro, atirou-se aos seus pés e disse: "Por favor, Mestre, seja o meu professor".

O Mestre o ouviu, aceitou seu pedido e o fez seu secretário pessoal. Aonde quer que o Mestre fosse, o seu novo secretário o acompanhava. Mas embora o Mestre falasse com muita gente que vinha pedir seus conselhos e orientações, nunca falava com o seu secretário. Três anos depois, o jovem estava tão desapontado e frustrado que não conseguia mais se conter. Um dia, teve uma explosão de ira, dizendo ao Mestre: "Sacrifiquei tudo, dei tudo o que tinha e segui você. Por que não me ensinou?" O Mestre o olhou com grande compaixão e falou: "Você não en-

tende que o ensinei durante todos os momentos em que esteve comigo? Quando me traz uma xícara de chá, eu não bebo? Quando me reverencia, eu não o reverencio? Quando limpa a minha mesa, eu não digo: 'Muito obrigado?'"

O jovem não conseguia entender o que o seu Mestre dizia e ficou muito confuso. Então, de repente, o Mestre gritou com todas as suas forças: "Quando você vê, vê diretamente." Nesse momento, o jovem recebeu a iluminação[7].

A distância entre um Mestre Zen no Extremo Oriente ensinando um aluno jovem e ansioso e um diretor espiritual cristão no Ocidente respondendo a um buscador espiritual pode parecer uma enorme ponte a atravessar. Porém, essa história aponta poderosamente a sabedoria de que precisamos para *viver as questões* da nossa vida, tanto individualmente quanto em comunidade, à medida que buscamos nossa missão no mundo.

O jovem da história zen tem questões não ditas, porém urgentes: *O que é a verdade? Como posso encontrar alegria e felicidade? Qual é a forma certa de viver?* Podemos acrescentar as nossas próprias questões sobre a vida às dele: O que devo fazer com a minha vida? Com quem devo casar? Onde devo viver? Que dons tenho para compartilhar? O que faço com a minha solidão? Por que sou tão carente de afeição, aprovação ou poder? Como posso superar meus medos, minha vergonha, meus vícios e meu senso de inadequação ou fracasso?

---

[7] Citado em "Living the questions: the spirituality of the religion teacher" (*Union Seminary Quarterly Review*, outono de 1976).

Certa vez, há alguns anos, tive a oportunidade de conhecer Madre Teresa de Calcutá. Eu estava lutando contra muitas coisas naquela época e decidi usar a ocasião para pedir um conselho a Madre Teresa. Assim que sentamos, comecei a explicar todos os meus problemas e dificuldades – tentando convencê-la do quão complicado era aquilo tudo! Quando, após dez minutos de explicações elaboradas, finalmente me aquietei, Madre Teresa olhou para mim e disse placidamente: "Bem, quando passar uma hora por dia adorando o seu Senhor e nunca fizer nada que saiba estar errado... ficará bem!"

Quando ela disse isso, repentinamente percebi que ela havia estourado o meu grande balão de autorreclamações complexas e havia me direcionado para muito além de mim mesmo ao lugar da verdadeira cura. Refletindo sobre esse breve, porém decisivo encontro, percebi que eu havia levantado uma questão de baixo e que ela havia me dado uma resposta de cima. Primeiro, a resposta dela não pareceu elucidar a minha questão, mas depois comecei a ver que a resposta dela veio de onde está Deus e não de onde estão minhas queixas. Na maior parte do tempo, respondemos às perguntas de baixo com respostas de baixo. O resultado costuma ser mais confusão. A resposta de Madre Teresa foi como um relâmpago na minha escuridão.

Buscar direção espiritual, para mim, significa fazer as grandes perguntas, as perguntas fundamentais, as universais no contexto de uma comunidade que dê apoio. Quando as perguntas certas são feitas e as dúvidas são vividas, as ações certas que forçosamente se apresentam surgirão. Viver as perguntas e agir de forma correta, guiados pelo espírito de Deus, requer disciplina e coragem: disciplina para "pedir, buscar, bater" até que a porta se abra (Mt 7,7-8).

O que as pessoas estão perguntando?

Você pode não ser capaz de formular uma pergunta extrema sobre a vida agora. Às vezes sentimos tanto medo e ansiedade, e nos identificamos de forma tão próxima com o nosso sofrimento, que a nossa dor mascara as perguntas. Quando a dor ou a confusão são emolduradas ou articuladas por uma pergunta, devem ser vividas, não respondidas. A primeira tarefa da busca de orientação é, então, tocar as suas próprias lutas, dúvidas e inseguranças – em suma, afirmar a sua vida como uma busca[8]. A sua vida e a minha vida são dadas pela graça de Deus. As nossas vidas não são problemas a resolver, mas jornadas a trilhar, tendo Jesus como nosso amigo e melhor guia.

É aí que o ministério da direção espiritual – com as outras disciplinas interpessoais da vida espiritual: pregações, ensinamentos, conselhos e atendimento pastoral – pode ajudar. Esses recursos interpessoais pretendem ajudar as pessoas a encontrar uma distância amigável da própria vida de forma que o que vivenciem possa ser trazido à luz sob a forma de uma pergunta a ser vivida.

Uma antiga pessoa de fé que perguntou e viveu as difíceis questões da existência foi Jó. Uma leitura cuidadosa do Livro bíblico de

---

[8] Similarmente, a primeira tarefa na direção espiritual não é oferecer informações, conselhos, nem mesmo instruções, mas permitir que as pessoas entrem em contato com suas próprias lutas, dores, dúvidas e inseguranças – em suma, afirmar a sua vida como uma busca. Consulte o artigo e a entrevista de Todd Brennan "A visit with Henri Nouwen" (*The Critic 36*, n. 4, Verão de 1978: 42-49).

Jó mostra que as suas perguntas são "respondidas" pelos seus amigos, mas não por Deus. À medida que vive os seus próprios questionamentos à face do sofrimento, tudo o que Jó fala é: "O Senhor o deu, o Senhor o tirou; bendito seja o nome do Senhor" (Jó 1,21).

Perguntas de Jó

Jó é um homem bom que perde tudo – bens, terra e família. Em meio à miséria, Jó exclama: "Pereça o dia em que nasci e a noite em que se disse: 'Foi concebido um homem.'... Por que não morri dentro do ventre materno? Por que não pereci logo que saí dele? Por que fui recebido entre os joelhos? Por que me amamentaram aos seios? Queria ter sido estrangulado ou afogado a caminho da luz!" (Jó 3).

E o que dizem seus amigos – Elifaz, Baldad e Sofar? Não suportam o seu questionamento e gritam: "Por quanto tempo continuará falando, enchendo nossos ouvidos de lixo?" E esquivando-se do seu pranto, começam a defender Deus e a si mesmos. Mas Jó diz: "Estou cansado da sua consolação. Por quanto tempo atirarão essas palavras a mim? Eu também poderia dizer essas coisas se estivessem no meu lugar. Poderia enterrá-los com acusações e desprezá-los em minha piedade". Jó não é ajudado pelos amigos. Negando os seus dolorosos questionamentos, eles de fato o conduzem a um desespero mais profundo.

Quando Deus fala a Jó na tempestade, diz: "Quem pôs diques ao mar, quando ele transbordava, como que saindo do seio materno? Quando é que eu pus as nuvens por sua vestidura e o envolvi em obscuridade? Foram-te abertas as portas da morte, e viste essas portas tenebrosas?" (Jó 38). Ao se pronunciar, Deus fala por meio de uma questão que revela o indizível mistério do amor criativo e eterno.

Assim, receber ajuda espiritual quando necessitamos exige, em primeiro lugar, não negar, mas afirmar a busca. Questões dolorosas devem ser levantadas, enfrentadas e depois vividas. Isso significa que devemos evitar constantemente a tentação de oferecer ou aceitar respostas simples, de sermos defensores banais de Deus, da Igreja, da tradição ou do que quer que nos faça sentir inclinados a defender. A experiência sugere que esse tipo de apologética superficial anima a hostilidade e a ira, e acaba causando uma crescente alienação daquele ou daquilo que estamos tentando defender. Tenha cuidado quando os questionamentos sobre a vida o rodearem em momentos de dor. Cuidado com respostas ou garantias fáceis. Busque a companhia daqueles que oferecerão a sua amizade e ouvirão quando você vivenciar os questionamentos da sua vida.

Qualquer guia espiritual que evite ansiosamente a dolorosa busca e preencha nervosamente a lacuna criada por questões sem resposta deve ser visto com cautela. Ao buscar orientação, estamos suscetíveis a uma busca superficial por respostas fáceis e significados pouco profundos. A vivência dentro de um novo modo de autoentendimento e profundidade espiritual é ajudada quando temos uma companhia espiritual vigorosa ou um amigo da alma. Os melhores guias desejam ser silenciosos, porém presentes, e se sentem bem com o desconhecimento. O Espírito de Deus é, definitivamente, a única fonte de direção espiritual, conforto e conhecimento.

A história zen do jovem em busca de respostas e a história bíblica de Jó vivenciando os seus questionamentos evidenciam que nenhuma verdade pode ser encontrada, a menos que haja uma busca pelo significado, reconhecimento da vulnerabilidade e limitação humana, relacionamentos com amigos espirituais confiáveis e abertura à revelação do mistério transcendente de Deus, perante Quem todas as perguntas cessam.

Embarque em uma busca

O jovem da história zen procura um professor porque tem uma questão. Na verdade, toda a sua vida tornou-se uma questão tão urgente e indispensável que ele exclama ao Mestre: "Por favor, seja meu professor." Os professores só podem ensinar quando há alunos que desejem aprender. Os diretores espirituais somente podem orientar quando há buscadores que tragam uma questão. Sem uma questão, a resposta é vivenciada como manipulação ou controle. Sem uma luta, a ajuda oferecida é considerada interferência. E sem o desejo de aprender, a direção é facilmente sentida como opressão.

A vivência das questões vai contra a corrente que prevalece no ministério do cristianismo, que deseja transmitir conhecimento para entender, competência para controlar e poder para conquistar. Na atenção espiritual, encontramos um Deus que não pode ser totalmente entendido, descobrimos realidades que não podem ser controladas e percebemos que a nossa esperança não está oculta na posse de poder, mas na confissão da fraqueza.

As principais questões para a direção espiritual – Quem sou eu? De onde venho? E aonde estou indo? O que é oração? Quem é

Deus para mim? Como Deus fala comigo? A que lugar pertenço? Como posso ser útil? – não são questões de resposta fácil, mas questões que nos aprofundam no indizível mistério da existência. O que precisa de afirmação é a validade das questões. O que precisa ser dito é: "Sim, de fato, essas são as questões. Não hesite em formulá-las. Não tenha medo de apresentá-las. Não deixe de vivê-las. Não se preocupe se não tiver uma resposta final na ponta da língua".

A direção espiritual afirma a busca básica pelo significado. Requer a criação de espaço no qual a validade das questões não dependa da disponibilidade de respostas, mas da capacidade das questões para nos abrir a novas perspectivas e horizontes. Devemos permitir que todas as experiências diárias de vida – alegria, solidão, medo, ansiedade, insegurança, dúvida, ignorância, necessidade de afeição, apoio, entendimento e o longo clamor por amor – sejam reconhecidas como parte essencial da busca espiritual.

A busca pelo significado pode ser extremamente frustrante e até mesmo agonizante às vezes, precisamente porque não conduz a respostas prontas, mas a novas perguntas. Quando percebemos que a dor da busca humana é uma dor crescente necessária, conseguimos aceitar como boas as forças do desenvolvimento espiritual humano e ser gratos pela jornada por meio do longo caminho da fé.

Testemunha da vulnerabilidade humana

Quando o jovem aluno zen reclama que o seu Mestre não o havia ensinado nada após três anos, o Mestre responde: "Você não entende que o ensinei durante todos os momentos em que esteve comigo?" A resposta do Mestre expressa poderosamente o papel central do diretor espiritual. Depois de tudo ter sido dito e feito, o que temos a oferecer é o nosso ser autêntico no relacionamento com os outros. O que mais importa, o que transforma, é a influência de uma testemunha humilde e vulnerável da verdade.

Um dos principais objetivos da direção espiritual é ajudar as pessoas a descobrir que já têm algo a oferecer. Assim, o diretor precisa ser um receptor que diga: "Eu vejo algo em você e gostaria de recebê-lo de você". Dessa forma, aquele que dá descobre o seu talento pelos olhos daquele que recebe.

Então, a essência da direção espiritual é a qualidade da *testemunha*, e a testemunha é a proclamação do que "ouvimos, o que vimos com os nossos olhos, o que contemplamos, o que apalparam as nossas mãos" (1Jo 1,1). Ser uma testemunha significa deixar a sua vida de lado pelos amigos, tornar-se um mártir no sentido original da palavra. Ser uma testemunha significa oferecer a sua própria experiência com a fé e disponibilizar as suas dúvidas e esperanças, fracassos e sucessos, solidão e feridas aos outros, como um contexto em que possam lutar contra a sua própria humanidade e busca pelo significado. Em vez disso, costumamos nos esconder atrás de nossas diversas máscaras emocionais, mentais e espirituais. Quem realmente deseja disponibilizar as suas lutas aos outros como fonte de crescimento e entendimento? Quem deseja ser lembrado da sua fraqueza e limitações, dúvidas e incertezas? Quem deseja confessar que Deus não pode ser entendido, que a experiência humana não pode ser explicada e que as grandes questões da vida não levam a respostas, mas apenas a questões mais profundas? Quem deseja ser vulnerável e dizer confiantemente: "Eu não sei!" O ato de oferecer ou receber direção espiritual requer a coragem de entrar na busca comum, confrontar a nossa inconsistência e usar essa capacidade para crescer por meio da sabedoria e do entendimento.

Direção espiritual significa ouvir o outro sem medo e descobrir os laços íntimos e divinos dentro da sua própria história turbulenta de vida. Significa ajudar os outros a descobrir que as suas questões são humanas, a sua busca é humana e a sua inquietação é parte da inquietação do coração humano – inclusive o seu próprio coração.

Aqueles com lutas sérias e questões prementes, quero alcançar com compaixão e dizer: "Você busca respostas ao que não pode ser plenamente conhecido. Tampouco eu sei, mas vou ajudar na sua busca. Não ofereço soluções nem respostas definitivas. Sou tão fraco e limitado quanto você. Mas não estamos sós. Onde houver caridade e amor, Deus estará presente. Juntos, formamos uma comunidade. Juntos, continuamos a busca espiritual".

Pergunte e viva as questões

Enquanto o aprendiz zen procura o significado das palavras do seu Mestre, o Mestre repentinamente grita: "Quando você vê, vê diretamente". Nesse momento, o jovem recebe a iluminação. Isso aponta para o terceiro aspecto de *viver as questões*, isto é, viva as questões até que Deus, às vezes como um relâmpago, revele uma direção suficiente para permitir que você viva com confiança no momento presente.

Viver as questões exige que você, em primeiro lugar, olhe para dentro de si, confiando que Deus está presente e operando dentro de você. É uma tarefa bem difícil, porque em nosso mundo somos constantemente afastados de nosso eu mais interior e encorajados a buscar respostas fora de nós. Se você for solitário, não tem descanso interior para perguntar, esperar e ouvir. Você anseia por gente, esperando que os outros o respondam. Você os quer aqui e agora. Mas ao abraçar a solidão na presença de Deus, em primeiro lugar, é possível prestar atenção ao seu eu interior e clamante antes de voltar-se aos outros em busca de comunhão e responsabilidade. Isso nada tem a ver com egocentrismo ou introspecção doentia, já que, nas palavras do conselho de Rainer Maria Rilke a um jovem poeta, "o que está acontecendo no seu mais profundo ser merece todo o seu amor"[9].

É frequente estarmos incansavelmente buscando respostas, indo de porta em porta, de livro em livro, de igreja em igreja, sem ter realmente ouvido com cuidado e atenção as questões interiores. Novamente, Rilke escreve ao jovem poeta:

> Quero implorar o máximo possível... para ser paciente com tudo o que estiver irresoluto em seu coração e tentar amar as próprias questões... Não busque agora respostas que não possam ser dadas porque você não conseguiria vivê-las. E o ponto é viver tudo. *Viva as questões agora.* Talvez depois, gradualmente, sem perceber, você descobrirá a resposta em algum dia distante... Aproprie-se do que vier com grande confiança e, se surgir da sua vontade, de alguma necessidade do seu mais profundo ser, aproprie-se e não odeie nada [grifo nosso][10].

---

[9] Rainer Maria Rilke. *Letters to a Young Poet* (Norton, 1954), p. 46-47 (*Cartas a um jovem poeta.* Globo, 2001).

[10] Ibid., p. 34-35.

Quando Deus adentra o centro de nossas vidas para desmascarar a nossa ilusão de possuir soluções finais e nos desarmar com questões sempre mais profundas, não teremos necessariamente uma vida mais fácil nem mais simples, mas certamente uma vida honesta, corajosa e marcada pela contínua busca pela verdade. Às vezes, ao viver as questões, as respostas são encontradas. É mais comum, à medida que as nossas questões e problemas são testados e amadurecem na solidão, as questões simplesmente se dissolverem.

A busca por direcionamento e orientação não necessariamente propiciará solução ou resposta fácil para a busca interior de significado. Qualquer professor ou diretor somente pode ser um espelho refletindo uma visão, ou às vezes uma flecha apontando além de si. Como o Mestre Zen da parábola, um diretor espiritual não cria a iluminação, mas pode ajudar a despertar aquele que busca para receber a luz de Deus como dádiva.

O maior chamado de um diretor espiritual é abrir a porta às oportunidades de crescimento espiritual e às vezes dar um lampejo da grande e misteriosa luz por trás da cortina da vida e do Senhor, que é a fonte de todo o conhecimento e criador da vida. Receber direção espiritual é reconhecer que Deus não resolve os nossos problemas nem responde todas as nossas perguntas, mas nos aproxima do mistério da nossa existência, onde todas as perguntas cessam.

Aprofundando-se: exercícios para direção espiritual

Encontre horário e local seguros e confortáveis para reflexão voltada à oração.

Em silêncio e solitude, leia os três primeiros capítulos do livro de Jó vagarosamente. Faça pausas para considerar e refletir sobre as palavras ditas por Jó e seus amigos, e também sobre o que não é dito, porém sentido profundamente nas entrelinhas. Deixe a sua mente descer até o seu coração e ouça a palavra.

Liste os amigos que o cercam. Existe algum amigo que poderia se sentar com você enquanto pondera as questões particulares da sua vida e simplesmente estar presente? Em caso afirmativo, procure cultivar essa amizade. Em caso negativo, comece a rezar por esse amigo da alma, guia espiritual ou pequeno grupo.

Escreva a sua dúvida no seu diário para refletir mais e compartilhar com o seu diretor espiritual ou grupo de orações. Estas orientações para criar o seu diário podem ser úteis.

Orientações para manter um diário

Uma das disciplinas da vida espiritual é manter um diário de reflexões pessoais relativas às escrituras que estiver lendo, à sua prática de oração, à sua experiência com um diretor espiritual, à sua participação em discussões em pequenos grupos, e ao que Deus está fazendo na sua vida.

Escrever e refletir em um diário não deve ser um dever, mas uma atividade com o fim de crescer espiritualmente. Com o passar do tempo, a manutenção de um diário pode se tornar uma disciplina regular para a formação espiritual.

A manutenção de um diário destina-se a ser parte do processo de perguntar as questões mais profundas da vida espiritual, uma forma de registrar como se sente sobre certas observações, apresentações e ideias, e proclamar a sua crença em um contexto de oração e escuta.

A manutenção de um diário pessoal é ajudada por meio do retorno dos outros. Na sua busca por uma vida espiritual autêntica, convido você a escolher ao menos duas pessoas para ler trechos selecionados do seu diário e tecer comentários relativos à formação espiritual[11].

Reflexão e diário

Identifique e denomine uma questão persistente do seu momento de vida.

Reflita sobre um período da sua vida em que uma questão dolorosa ou persistente foi eliminada ou respondida superficialmente pelos outros.

Que impacto essa resposta exerceu sobre você?

---

[11] Henri dava estas instruções para a feitura de diários em suas aulas sobre orientação e formação espiritual em Yale e Harvard. O seu *Genesee diary* (1976) é um exemplo de como fazia um diário para formação. Fontes recomendadas para a feitura de diários incluem Ira Progoff, *At a journal workshop*, sobre como escrever um diário, organizá-lo e estruturá-lo; e *Ariadne's Thread*, editado por Lyn Lifshin, uma coletânea de excertos de diários femininos nos quais oferecem seus pensamentos sobre o que significa fazer um diário e como o fazem.

2
Onde começo?

O conhecido conto sobre Michelangelo esculpindo uma estátua fala sobre como a formação espiritual acontece no Coração:

O leão dentro do mármore

Era uma vez um escultor que trabalhava arduamente com martelo e cinzel em um grande bloco de mármore. Um garotinho que o observava nada mais via do que pedaços grandes e pequenos de pedra caindo por todos os lados. Ele não tinha ideia do que estava acontecendo. Mas quando o garoto voltou ao ateliê algumas semanas depois, viu com surpresa um enorme e poderoso leão sentado no lugar onde estava o mármore. Muito agitado, o garoto correu para o escultor e disse: "Moço, como sabia que existia um leão dentro do mármore?"[12]

A pergunta que o garotinho fez ao escultor é muito real, talvez a pergunta mais importante de todas. A resposta é: "Eu sabia que havia um leão dentro do mármore porque vi o leão dentro do mármo-

---

[12] A história de Nouwen sobre o escultor e o leão foi inspirada em Thomas Hora, *Existential metapsychiatry* (Seabury Press, 1977); ele a usa para ilustrar os papéis das disciplinas espirituais em "Spiritual Formation in Theological Education" (série inédita de manuscritos, 1970-1978) e em *Clowning in Rome* (1979), p. 86 (*Pobres palhaços em Roma* – Reflexões sobre solidão, celibato, oração e contemplação. Vozes, 1997).

re, eu o vi em meu próprio coração. O segredo é que o leão dentro do meu coração reconheceu o leão dentro do mármore". A arte da escultura é, sobretudo, a arte de ver; e a disciplina é a maneira de tornar visível o que foi visto.

Disciplinas espirituais são as habilidades e técnicas pelas quais começamos a ver a imagem de Deus em nosso coração. Formação espiritual é a atenção cuidadosa à obra de Deus, nosso escultor mestre, à medida que nos submetemos ao entalhe gradual de tudo o que não seja Deus, até que o leão interior seja revelado. Direção espiritual é a interação entre a criancinha, o escultor mestre e o emergente e belo leão de mármore. Qualquer diretor é realmente um observador que se alegra e maravilha com o descortinar da arte.

Atenção voltada à oração

Viver uma vida espiritual está longe de ser fácil. O mármore não se desgasta com facilidade, nem o espírito humano conforma-se com rapidez ao projeto de Deus. Ser formado à imagem e semelhança de Deus envolve a luta para passar da *vida absurda* à *atenção obediente*. A palavra *absurda* inclui a palavra *sardus*, que significa "surdo". Vida absurda é uma forma de vida na qual permanecemos surdos à voz que nos fala em nosso silêncio. As diversas atividades nas quais estamos envolvidos, as várias inquietações que nos mantêm preocupados e os muitos sons que nos cercam dificultam muito que ouçamos o "silêncio absoluto" por meio do qual a presença de Deus se faz presente (cf. 1Rs 19,12). Parece que o mundo barulhento e agitado conspira para que não escutemos essa voz e tenta nos tornar absolutamente surdos. Assim, não é surpresa que costumemos nos perguntar, em meio à nossa turbulenta e preocupada vida, se algo realmente está acontecendo.

Nossa vida pode estar repleta de muitos eventos – tantos que costumamos nos questionar se conseguiremos atender a todos. Ao mesmo tempo, podemos nos sentir incompletos e nos questionar se estarmos ocupados, porém entediados, envolvidos, porém solitários, é um sintoma da vida absurda: a vida na qual não mais ouvimos a voz Daquele que nos criou e que nos chama para uma vida nova. Essa vida absurda é extremamente dolorosa, porque nos faz sentir como se estivéssemos exilados, arrancados da fonte vital de nossa existência.

A vida obediente desenvolve as nossas habilidades de ouvir e sentir a presença e as atividades de Deus. A palavra *obediência* inclui a palavra *audire*, que significa "ouvir". A vida obediente nos permite ouvir com grande atenção o Espírito de Deus dentro de nós e entre nós. A grande notícia sobre a revelação de Deus não é simplesmente que Deus existe, mas também que Deus está ativamente presente. O nosso Deus é um Deus que zela, cura, guia, orienta, desafia, confronta, corrige e nos forma. Deus é um Deus que deseja nos aproximar da plena constatação de nossa humanidade com um leão no Coração, se você quiser. Ser obediente significa estar constantemente atento a essa presença ativa e permitir que Deus, que é só amor, seja a fonte, assim como a meta de tudo o que pensarmos, dissermos e fizermos.

Resistência ativa à atenção

O desenvolvimento de "ouvidos para ouvir" Deus leva tempo. Todos nós temos fortes resistências a ouvir. Em primeiro lugar, achamos muito difícil criar espaços vazios em nossas vidas e desistir de nossas ocupações e preocupações, ainda que seja por pouco tempo. Receamos o espaço vazio. Estamos tão preocupados em sermos úteis, eficientes e termos o controle que um momento inútil, ineficaz e incontrolável nos assusta e nos leva de volta à segurança de ter algo de valia para fazer.

Porém, mais forte que o nosso medo do espaço vazio é o medo de realmente ouvir a voz de Deus! Sabemos que o nosso Deus é um Deus ciumento que sabe não haver outra cura para as nossas inquietações e surdez a não ser encontrar o nosso lar em Deus. Sabemos que a misericórdia de Deus é uma misericórdia severa que não paparica nem mima, mas atravessa o Coração, onde a verdade reside. E embora estejamos insatisfeitos e incompletos, não temos tanta certeza se queremos seguir a direção para a qual Deus venha a nos chamar. Não temos certeza se a nossa autoimagem é a mesma imagem que Deus deseja formar em nós. Aqueles que realmente ouviram a voz de Deus frequentemente se viram chamados para longe de locais familiares e relativamente confortáveis para locais aonde prefeririam não ir. Isso aconteceu com os israelitas que reclamaram com Moisés que a desagradável certeza do Egito parecia preferível ao imprevisível vagar pelo deserto, e isso também aconteceu com muitos homens e mulheres que seguiram Cristo e se submeteram a perseguições e provações dolorosas.

A resistência sob a forma de preocupação e distração geralmente nos impede de ver a verdade de nossas vidas, ouvir a voz de Deus e viver uma vida espiritual. Ouvir com obediência a voz de Deus exige a construção de resistência a todas as outras vozes que competem pela nossa atenção.

Atenção crescente

O crescimento na fé requer uma atenção crescente para perceber onde Deus atua e para onde estamos sendo levados. Uma das questões principais para superar a surdez e a cegueira espirituais é: onde Deus atua em minha vida ou comunidade agora?

Existe uma verdadeira tendência de pensar na vida espiritual como uma vida que começará quando tivermos certos sentimentos, pensamentos ou *insights*. O problema, entretanto, não é como fazemos a vida espiritual acontecer, mas ver onde ela está realmente acontecendo. Trabalhamos partindo da premissa de que Deus age neste mundo e na vida de indivíduos e comunidades. Deus está fazendo algo neste momento. O entalhar e esculpir acontecem quer estejamos cientes ou não. A nossa tarefa é reconhecer que, de fato, é Deus que atua e nós já estamos envolvidos na vida espiritual.

Uma vida espiritual não leva necessariamente à tranquilidade, à paz ou a um belo sentimento sobre nós mesmos ou sobre como é bom estar junto de outros. O processo de entalhe pode doer. Pode significar estar sozinho em um lugar onde você nunca desejou estar. Pode levar você a uma vocação que nunca buscou. Pode solicitar que faça coisas desconfortáveis. Ou pode solicitar que faça coisas confortáveis não muito emocionantes de maneira obediente e rotineira, quando você prefere a aventura. A verdade espiritual é que Deus opera em cada um de nós e em nossas comunidades e famílias. É comum que a companhia de amigos confiáveis nos permita ver como Deus opera. Nem sempre conseguimos ver por nós mesmos a atividade de Deus.

Uma vez aceita essa realidade, estamos livres para dizer: "Sim, Deus está falando comigo, Deus está falando conosco". Então, se reconhecermos o chamado de Deus para nós, nossos olhos se abrem vagarosamente e começamos a ver o que já aconteceu. Começamos a ver a grandeza de Deus se revelando em eventos diários, e a nossa vida torna-se uma forma de obediência. Obediência significa, então, permitir lentamente que o Espírito de Deus nos leve a lugares que prefiramos evitar. Como Jesus disse a Pedro: "Quando eras mais moço, cingiaste, e ias aonde desejavas; mas, quando fores velho, estenderás as tuas mãos, outro te cingirá e te levará para onde tu não queres" (Jo 21,18). Sim, Deus é exigente, o amor de Deus é persistente, e quando Deus exige muito de nós, isso provém do amor divino.

Disciplina e direção

Como é tão difícil ouvir e obedecer ao chamado de Deus, precisamos de ajuda sob a forma de disciplinas e práticas. A disciplina na vida espiritual enfoca o lado prático da formação espiritual e é a companheira ativa da crença. A crença – transferir o seu coração à existência e atividade de Deus – prescinde de prática e formação espiritual, mas será aprofundada e fortalecida por práticas espirituais regulares.

Uma disciplina ou prática espiritual é uma forma de criar alguns espaços abertos e livres nos quais Deus possa se mover e falar. Por exemplo, a disciplina da solitude nos ajuda a passar o tempo com Deus sozinhos e assim tornarmo-nos cientes do silêncio divino. A disciplina da comunidade nos ajuda a deixar Deus falar conosco por meio dos outros. Tanto a solitude quanto a comunidade são disciplinas de oração, porque em ambas tentamos ouvir Deus. Todas as disciplinas da vida espiritual pretendem nos ajudar a passar de uma vida absurda (surda) para uma vida obediente (ouvinte) de liberdade, alegria e paz.

O papel do diretor espiritual

Um bloco de mármore não pode se esculpir; precisa de um escultor. Um atleta precisa de um treinador ou técnico. Da mesma forma, uma pessoa de fé certamente irá se beneficiar com um diretor espiritual. Somos todos muito suscetíveis ao autoengodo e nem sempre conseguimos detectar nossos próprios jogos temerários ou pontos cegos. Como saber que não estamos nos logrando, que não estamos escolhendo as palavras da Bíblia que melhor servem às nossas paixões, ou que não estamos apenas ouvindo a voz da nossa própria imaginação? Quem pode julgar o próprio Coração? Quem pode determinar se os próprios sentimentos e *insights* estão levando à direção certa? É muito fácil transformar os desejos do nosso Coração e as especulações da nossa mente na vontade de Deus.

Precisamos de alguém que nos ajude a distinguir entre a voz de Deus e todas as outras vozes que vêm da nossa própria confusão ou de poderes escuros muito além do nosso controle. Precisamos de alguém que nos encoraje quando formos tentados a desistir de tudo, esquecer tudo e fugir em desespero. Precisamos de alguém que nos advirta quando nos encaminharmos imprudentemente por direções difusas ou nos apressarmos com orgulho em direção a uma meta nebulosa. Precisamos de alguém que possa nos sugerir quando ler e quando calar, sobre que palavras refletir e o que fazer quando o silêncio criar muito medo e pouca paz.

Por meio da disciplina de orientação espiritual, exploramos na presença de outro(s) sábio(s) companheiro(s) cristão(s) o chamado de Deus em nossa vida, o que foi e o que pode vir a ser agora. Reconhecemos a atividade de Deus e mais uma vez dizemos sim à direção para a qual o Espírito nos chama. A direção pode ser apavorante ou até mesmo muito radical, mas também podemos nos surpreender ao ver que o chamado de Deus é um chamado muito atraente e que somos capazes de responder a ele porque estamos sendo atraídos por uma força de amor.

Um diretor espiritual é alguém a quem você pede que o mantenha responsável pelo exercício das disciplinas e práticas da vida espiritual. A direção espiritual, a antiga prática e provisão para se receber a ajuda de que precisamos, oferece a presença voltada à oração, conselhos sábios e orientação cuidadosa por um amigo espiritual que é sensível aos movimentos do Espírito e familiarizado com as disciplinas das tradições.

Amizade, não aconselhamento

Um diretor espiritual, nesse sentido estrito, não é um conselheiro, um terapeuta nem um analista, mas um companheiro cristão maduro que escolhemos como responsável pela vivência da nossa vida espiritual de quem podemos esperar apoio voltado a orações em nossa luta constante para discernir a atuação de Deus. Um diretor espiritual pode ser chamado de "amigo da alma" ou "amigo espiritual", em quem confiamos para oferecer sabedoria e orientação. A maneira pela qual nos relacionamos com o nosso diretor espiritual depende muito da nossa necessidade atual, nossa personalidade única e das circunstâncias externas. Alguns podem querer ver o diretor espiritual quinzenal ou mensalmente; outros acharão suficiente entrar em contato apenas quando a ocasião o exigir. É essencial que um cristão ajude o outro a entrar sem medo na presença de Deus e aí discernir o chamado de Deus.

Direção espiritual e terapia ou aconselhamento psicológico geralmente parecem a mesma coisa. Temos muita familiaridade com palavras como *consciente* e *inconsciente, depressão* e *regressão, frustração* e *mecanismos de defesa, disfunção, vício* e *codependência*. A terminologia psicológica é mais frequentemente usada em nossa sociedade do que palavras espirituais, como *expiação, ressurreição, pecado, perdão* e *graça*. Porém, se você simplesmente permanecer no mundo psicológico, se suscitar apenas questões psicológicas, apenas obterá respostas psicológicas, quando o seu coração precisa de sabedoria espiritual.

A quem recorro?

Durante um período histórico em que muitas estruturas tradicionais e costumes estão entrando em colapso e somos atirados de volta aos nossos próprios recursos e *insights* pessoais, a necessidade de orientação espiritual é cada vez mais aparente. Então, como a direção espiritual pode ser oferecida e recebida hoje em dia? Idealmente, todos se beneficiariam se tivessem um diretor espiritual pessoal. Seria um erro, entretanto, pensar exclusivamente sobre diretores espirituais individuais. É importante começarmos a pensar sobre um ministério no qual ajudamos uns aos outros a praticar disciplinas espirituais e, portanto, viver de forma a nos tornar mais sensíveis à presença contínua de Deus em nossas vidas. O que conta, finalmente, não é apenas o fato de existirem bons homens e mulheres espirituais neste mundo tão caótico, mas a existência de comunidades de cristãos que, juntos, ouvem com grande cuidado e sensibilidade Aquele que deseja tornar tal presença curativa conhecida a todos.

Muita gente hoje em dia está pedindo a líderes religiosos, comunidades religiosas e amigos sábios para ajudar a se encontrar no complexo labirinto da vida contemporânea. Estão perguntando: como posso me conscientizar da presença de Deus em minha vida? Como posso ter uma garantia de que as minhas decisões sobre dinheiro, trabalho e relacionamentos são tomadas de maneira espiritual? Como sei que a minha vida é vivida obedecendo a Deus e não apenas como resposta aos meus próprios impulsos e desejos? Para algumas pessoas, essas perguntas tornam-se bastante específicas: devo viver uma vida mais simples? Devo mudar minha forma de comer e me vestir? Devo assumir uma postura mais profética sobre questões como guerra e pobreza? Devo dedicar alguns anos da minha vida para trabalhar com os necessitados? Tais perguntas buscam companhia e disciplina, já que requerem a habilidade de ouvir a voz de

Deus. Refletem as áreas de nossas vidas onde Deus está operando, esculpindo os nossos corações de maneira surpreendente.

Aprofundando-se: exercícios para direção espiritual

As pessoas que desejam uma vida espiritual profunda e autêntica costumam pedir ajuda. Assim, é de grande valia submeter a nossa rotina de orações periodicamente à supervisão de um diretor, conselheiro ou guia espiritual. Estamos buscando direção espiritual quando fazemos as perguntas certas e desejando aprofundar a nossa vida espiritual em Deus. Alguns podem sentir a necessidade de compartilhamento regular e extenso com o seu diretor espiritual, enquanto outros acham um encontro ocasional suficiente. Leia o apêndice 2, "Como encontrar um diretor espiritual", no qual essa e outras questões são discutidas. Tendo ou não um diretor espiritual pessoal no momento, você pode aprender a ouvir e compartilhar a sua vida espiritual com os outros.

Reflexão e diário

Como ouço Deus com atenção? O que estou ouvindo agora?

Se você se imaginar como um bloco de mármore belo, porém amorfo, o que Deus precisaria talhar para revelar o leão que existe no seu interior?

Que outras questões você gostaria de explorar com um diretor espiritual?

3
Quem sou eu?

A pergunta básica "quem sou eu?" reaparece ao longo da vida. Um antigo conto do Talmude ilustra a identidade e o valor verdadeiros de todos os seres humanos em seu nível mais profundo.

O fugitivo e o rabino

Um dia, um jovem fugitivo, tentando se esconder do inimigo, entrou em um vilarejo. As pessoas foram gentis com ele e lhe ofereceram um lugar para ficar. Mas quando os soldados que procuravam o fugitivo perguntaram onde ele se escondia, todos ficaram apavorados. Os soldados ameaçaram incendiar o vilarejo e matar todos que ali residiam, a menos que o jovem fosse entregue antes do amanhecer. As pessoas foram se consultar com o rabino. Dividido entre entregar o jovem ao inimigo e a morte do seu povo, o rabino retirou-se aos seus aposentos e leu a sua Bíblia, esperando encontrar uma resposta antes do amanhecer. De manhã cedo, os seus olhos depararam com estas palavras: "É melhor que um homem morra do que todo um povo se perca".

Então, o rabino fechou a Bíblia, chamou os soldados e contou-lhes onde o jovem estava escondido. E depois que os solda-

dos levaram o fugitivo para ser morto, houve uma festa no vilarejo, porque o rabino havia salvado a vida do povo. Mas o rabino não celebrou. Abalado por uma profunda tristeza, permaneceu em seus aposentos. Naquela noite, um anjo veio a ele e perguntou: "O que você fez?" Ele respondeu: "Entreguei o fugitivo ao inimigo". Então, o anjo disse: "Mas você não sabe que entregou o Messias?" "Como poderia saber?", o rabino replicou ansiosamente. Então, o anjo afirmou: "Se, em vez de ler a sua Bíblia, você tivesse visitado esse jovem só uma vez e olhado em seus olhos, teria sabido"[13].

Não somos desafiados em nosso cotidiano a olhar mais profundamente nos olhos daqueles que encontramos – até aqueles que estejam fugindo de algo – e ver neles a face de Deus? Talvez apenas o fato de saber que eles também são filhos amados de Deus será suficiente para nos impedir de entregá-los ao inimigo. Também não somos desafiados e encorajados a olhar mais profundamente para a forma como Deus nos vê – amados, aceitos, acolhidos e merecedores da salvação? Assim como o fugitivo, somos reflexos do Messias?

Você é o amado de Deus!

Quando João estava batizando as pessoas no Rio Jordão, Jesus também foi para ser batizado. "E estando em oração, abriu-se o céu, e desceu sobre ele o Espírito Santo em forma corpórea

---

[13] Citado pela primeira vez por Nouwen em "Generation Without Fathers". *Commonweal 92* (jun./1970): 287-294, e depois em *Reaching Out* (1975), p. 124 (*Crescer* – Os três movimentos da vida espiritual. Paulinas, 2001).

como uma pomba; e ouviu-se do céu esta voz: 'Tu és o meu filho amado; em ti pus as minhas complacências'" (Lc 3,21-22).

Como cristão, tenho a firme convicção de que o momento decisivo da vida pública de Jesus foi o seu batismo, quando ouviu a afirmação divina "Tu és o meu filho amado; em ti pus as minhas complacências". Nessa experiência essencial, Jesus é lembrado sobre quem realmente é de forma muito, muito profunda.

Dentro de nós, há uma voz interior que diz: "Você é o amado de Deus!" Quero que você clame esse Amor. Você não tem de se embrenhar em buscas que não levem a nada. Nem tem de se tornar a vítima de um mundo manipulador nem cair na armadilha de algum vício. Você pode escolher alcançar agora a verdadeira liberdade interior e encontrá-la mais plenamente do que nunca.

A afirmação extrema

Durante muitos anos li, refleti e ensinei o Evangelho de Lucas 3 sobre a história do batismo de Jesus, mas somente nos últimos anos ele assumiu um significado muito além dos limites da minha própria tradição religiosa. As palavras de Deus "Você é o meu amado" revelam a mais íntima verdade sobre todos os seres humanos, pertençam eles ou não a qualquer tradição em particular. A extrema tentação espiritual é duvidar dessa verdade fundamental sobre nós mesmos e crer em identidades alternativas.

Às vezes respondemos à pergunta "quem sou eu?" com "sou o que faço". Quando faço coisas boas e tenho algum êxito na vida, sinto-me bem comigo mesmo. Mas quando fracasso, começo a ficar deprimido. E à medida que envelheço e não sou capaz de fazer muito, tudo o que posso dizer é: "Olhe o que fiz com a minha vida... Olhe, olhe, olhe, fiz algo errado".

Ou podemos dizer: "Eu sou o que os outros dizem ao meu respeito". O que os outros dizem sobre você tem grande poder. Quando falam bem de você, você fica muito à vontade. Mas quando alguém começa a afirmar coisas negativas sobre você, você pode começar a se sentir triste. Quando alguém fala contra você, isso pode cortar o seu Coração. Por que deixar o que os outros dizem sobre você – de bom ou mau – determinar quem você é?

Você também pode dizer: "Sou o que tenho". Por exemplo, sou holandês, com pais amorosos, boa educação e saúde. Mas se perder alguma coisa, se um ente querido morrer, se a minha saúde acabar, ou se perder os meus bens, posso cair na escuridão interior.

Quanto de nossa energia é empregada na definição de nós mesmos por meio da decisão de "ser o que faço", "ser o que os outros dizem ao meu respeito" ou "ser o que tenho"? Quando é o caso, a vida costuma seguir um movimento repetitivo de altos e baixos. Quando falam bem de mim, quando faço coisas boas e quando tenho muito, fico para cima e feliz. Mas quando começo a perder, quando de repente descubro não poder mais cumprir alguma tarefa, quando fico sabendo que os outros falam mal de mim, quando perco meus amigos, então resvalo para o buraco.

O que quero dizer a você é que toda essa postura em ziguezague é um equívoco. Eu não sou aquilo que faço nem você é aquilo que faz ou aquilo que os outros dizem sobre você, nem aquilo que possui. "Você é o amado de Deus!" Espero que consiga ouvir essas palavras ditas a você com toda a ternura e força que o amor consegue comportar. O meu único desejo é fazer com que essas palavras reverberem em todos os recantos do seu ser – "Você é o amado!"

A voz que fala do alto e de dentro sussurra suavemente ou declara em brados: "Você é o(a) meu(minha) filho(a) amado(a), em você pus as minhas complacências". Certamente não é fácil ouvir essa voz em um mundo cheio de vozes que gritam: "Você não é bom; você é feio; você é imprestável; você é desprezível; você não é ninguém, a não ser que demonstre o contrário".

Essas vozes negativas são tão altas e persistentes que é fácil acreditar nelas. É a armadilha da autorrejeição. É a armadilha de ser um fugitivo que se esconde da sua mais verdadeira identidade.

A tentação de duvidar sobre quem você realmente é

As tentações de Jesus no deserto, descritas no Evangelho de Lucas, são tentações para desviá-lo dessa identidade fundamental. Ele foi tentado a acreditar que era outra pessoa: Você é aquele que pode transformar pedra em pão. Aquele que pode saltar do templo. Que pode fazer com que os outros se curvem ao seu poder. Jesus disse: "Não, não, não. Sou o amado de Deus". Acho que toda a vida dele é um clamor contínuo de tal identidade em meio a tudo. Há momentos em que ele é enaltecido, em que é desprezado ou rejeitado, mas sempre diz: "Os outros me abandonarão, mas meu Pai não me abandonará. Sou o filho amado de Deus. Sou a esperança encontrada nessa identidade".

A maior armadilha da vida não é o sucesso, tampouco a popularidade ou o poder, mas a autorrejeição, duvidar de quem realmente somos. Sucesso, popularidade e poder de fato podem ser grandes tentações, mas a sua sedução provém do fato de serem parte da tentação muito maior da autorrejeição. Quando chegamos ao ponto de acreditar nas vozes que nos chamam de imprestáveis e detestáveis, então o sucesso, a popularidade e o poder são facilmente percebidos como soluções atraentes.

Rendemo-nos muito rapidamente à tentação da autorrejeição. Por exemplo, lembro de falar a milhares de pessoas e muitas diziam: "O que você disse foi maravilhoso". Mas se uma pessoa levantasse e dissesse: "Ei, eu acho que nada disso faz sentido", essa seria a única pessoa de quem eu lembraria. Todas as vezes em que me sinto criticado, rejeitado ou abandonado, flagro-me pensando: "Bem, isso prova mais uma vez que não sou ninguém". Em vez de fazer uma avaliação crítica das circunstâncias ou tentar entender as minhas próprias limitações e as dos outros, tendo a me culpar – não apenas pelo que fiz, mas por quem sou. Minha autorrejeição diz: "Não valho nada; mereço ser colocado de lado, esquecido, rejeitado e abandonado".

Você consegue de alguma forma identificar em si mesmo a tentação da autorrejeição, seja ela manifestada pela arrogância ou baixa autoestima? A autorrejeição pode se mostrar pela falta de confiança ou pelo excesso de orgulho. Nada disso é um reflexo real do âmago daquilo que somos. A autorrejeição costuma ser vista simplesmente como a expressão neurótica de uma pessoa insegura. Mas a neurose costuma ser a manifestação psíquica de uma escuridão humana muito mais profunda: a escuridão de não se sentir verdadeiramente acolhido pela existência humana. A autorrejeição é a maior inimiga da vida espiritual, porque contradiz a voz sagrada que declara sermos amados. Ser o amado expressa a verdade fundamental de nossa existência. Somos amados como criaturas que tanto têm suas limitações como a sua glória.

Estou tratando disso de forma tão direta e simples porque, embora a experiência de ser o amado nunca tenha estado completamente ausente da minha vida, fui vagaroso em clamá-la como a minha verdade fundamental. Fiquei dando voltas em torno disso enquanto procurava alguém ou algo que conseguisse me convencer de que eu era o amado. Como se eu me recusasse a ouvir a voz que fala do mais profundo do meu ser e diz: "Você é o meu amado, em você pus as minhas complacências".

Essa voz suave e tênue que me chama de amado veio a mim de inúmeras formas. Meus pais, amigos, professores, alunos e os vários desconhecidos que cruzaram o meu caminho ecoaram essa voz em tons diferentes. Fui cuidado por muita gente, com muita amabilidade e gentileza. Fui ensinado e instruído com muita paciência e perseverança. Fui encorajado a seguir em frente quando estava pronto para desistir e fui convencido a tentar novamente quando fracassei.

A tentação da compulsão

Acoplada à tentação de duvidar de quem você realmente é, encontramos a tentação da compulsão. Assim como eu, você não fica esperando que alguém, algo ou algum evento surja para lhe proporcionar aquele sentimento final de bem-estar interior que você tanto deseja? Você não costuma esperar: "Tomara que este livro, ideia, curso, viagem, emprego, país ou relacionamento realizem o meu desejo mais profundo". Mas enquanto espera esse momento misterioso, você continuará confuso, sempre ansioso e inquieto, sempre lascivo e irado, nunca satisfeito com plenitude. Você sabe que essa é a compulsão que nos mantém seguindo e ocupados, mas, ao mesmo tempo, nos faz pensar se estamos indo a algum lugar a longo prazo. É o caminho para a exaustão e o esgotamento espirituais. É o caminho para a morte espiritual.

Bem, você e eu não temos de nos dissipar nem dividir. Somos os amados. Éramos intimamente amados muito antes de nossos pais, professores, cônjuges, filhos e amigos nos amarem ou ferirem. Essa é a verdade da nossa vida. Essa é a verdade que desejo que você clame a si mesmo. Essa é a verdade dita pela voz que afirma: "Você é o meu amado".

Ao escutar essa voz com grande atenção interior, ouço em meu âmago palavras que dizem: "Chamei você pelo nome, desde o início. Você é meu e eu sou seu. Você é meu amado, em você pus as minhas complacências. Moldei você nas profundezas da terra e o teci no ventre materno. Esculpi você nas palmas das minhas mãos e o escondi na sombra do meu acolhimento. Olho para você com infinita ternura e cuido de você com um zelo mais íntimo do que o da mãe com o filho. Contei todos os seus fios de cabelo e o guiei em todos os passos. Aonde quer que você vá, eu o acompanho, e onde quer que descanse, eu vigio. Darei a você alimento que saciará a sua fome e bebida que matará a sua sede. Não esconderei a minha face de você. Você me conhece como seu, assim como eu o conheço como meu. Você pertence a mim. Sou seu pai, mãe, irmão, irmã, apreciador e cônjuge. Sim, até mesmo seu filho. Onde quer que esteja, eu estarei. Nada nunca nos separará. Somos um só".

Convite ao retorno

Querido amigo, ser o amado é a origem e a realização da vida do Espírito. Digo isso porque, assim que captamos essa verdade, somos levados a uma jornada em busca da realização dessa verdade e não descansaremos até que possamos repousar nessa verdade. A partir do momento em que clamamos a verdade de sermos os amados, enfrentamos o chamado de nos tornar quem somos. Tornarmo-nos os amados é a grande jornada espiritual que temos de empreender. As palavras de Santo Agostinho, "minha alma está inquieta até que repouse em ti, Senhor", capturam bem tal jornada. Estar sempre buscando Deus, sempre lutando para descobrir a completude do Amor, e sempre ansiando pela verdade completa, sinaliza que eu já senti o gosto de Deus, do Amor e da Verdade. Apenas posso procurar algo que eu já tenha, de algum modo, encontrado.

Todos nós temos memórias interiores profundas do paraíso que perdemos. Talvez a palavra *inocência* seja melhor do que a palavra *paraíso*. Éramos inocentes antes de começarmos a nos sentir culpados; estávamos na luz antes de penetrar na escuridão; estávamos em casa antes de começarmos a procurar um lar. Na profundidade dos recessos da nossa mente e coração, repousa o tesouro oculto que já tivemos e agora buscamos. Conhecemos o seu valor e sabemos que encerra a dádiva que mais queremos: uma vida espiritual mais forte do que a morte física.

Já que é verdade que não somos apenas os amados, mas que também devemos nos tornar os amados, como então podemos compreender esse processo de "nos tornar"? *Tornarmo-nos os amados significa deixar a verdade de sermos amados incorporar-se em tudo o que pensamos, dizemos ou fazemos.* Isso acarreta um longo e doloroso processo de apropriação ou, melhor, encarnação. E tal processo requer a prática regular da oração.

A disciplina da oração

Todas as vezes em que ouvir atentamente a voz que o chama de amado, descobrirá dentro de você um desejo de ouvir essa voz por mais tempo e com maior profundidade. É como descobrir um poço no deserto. Ao tocar terra fértil, você deseja cavar mais fundo. Esse cavar e buscar uma fonte subterrânea é a disciplina da oração.

Vim a definir oração como escutar essa voz – escutar aquele que o chama de amado. A disciplina da oração é voltar constantemente à verdade de quem somos e clamá-la para nós mesmos. A minha vida está enraizada em minha identidade espiritual. Devemos retornar ao nosso primeiro amor, voltar regularmente a esse lugar de identidade fundamental.

Já disse com frequência que a oração é escutar com obediência – escutar com atenção cuidadosa. Jesus ouve com obediência o Pai; mantém-se ouvindo a afirmação do Pai. A oração não significa que você tem sentimentos de amor e ternura ao ouvir a voz de Deus. Às vezes, sim, e às vezes, não. Oração é disciplina. Disciplina significa criar limites ao redor do nosso encontro com Deus. Nossos horários e locais não podem estar tão cheios a ponto de não haver como conciliar um encontro. Então, é preciso esforçar-se arduamente para afirmar que este é o momento de estar com Deus, goste eu ou não, tenha vontade ou não, esteja satisfeito ou não. Você retorna ao lugar de solitude com Deus e clama quem é.

Se eu sou o amado de Deus, como clamo essa condição de ser amado? Começo repetindo diariamente as mesmas palavras que Jesus ouviu em seu batismo, pois também servem a mim e a você: "Tu és o meu amado; em ti pus as minhas complacências". Passe alguns minutos todos os dias em oração, meditando sobre o grande amor de Deus.

Aprofundando-se: exercícios para direção espiritual

Receba a afirmação extrema rezando "A Oração do Amado" – uma meditação guiada de três partes composta por Arthur LeClair para uso solitário, com um diretor espiritual ou em pequenos grupos de oração[14].

Sente-se relaxado e à vontade. Confie que o amor de Deus mostrar-se-á de alguma forma. Durante os primeiros dez minutos, sem agitação, diga as seguintes palavras vagarosa e fervorosamente:

Jesus, Você é o Amado.

Repita as palavras o quanto for necessário. Deixe o seu coração se encher de louvor e gratidão não verbais. Deixe as distrações pairarem, mesmo se o pressionarem. Em instantes, as dis-

---

[14] LECLAIR, Arthur. "The Beloved Prayer". *Sacred Journey*, dez./1996, p. 21-23.

trações parecerão cada vez menos urgentes à medida que você as deixa passar. Simplesmente esteja com Jesus nesse momento precioso.

Então, gentilmente e sem fanfarrice, passe para os próximos dez minutos. Paulo nos lembra, em Romanos 9,25, que nós também estamos destinados a nos tornar os Amados. Outra cor é acrescentada à beleza desta cena:

Jesus, sou o Amado.

Deixe o âmago do seu ser absorver a graça de Deus. A princípio, essa mudança pode parecer perturbadora. Mas repouse na profundidade da oração e deixe essa verdade se firmar.

Depois, prossiga para os próximos dez minutos. Eu costumava imaginar que esta parte seria uma distração, mas descobri se tratar de um vínculo rico e sagrado com os outros.

Jesus, nós (todos) somos os Amados.

Deixe as pessoas virem ao seu coração: um vizinho, um amigo, um parente, alguém sobre quem você leu no jornal da manhã. O importante é não excluir ninguém. O seu coração trará à tona aqueles que precisam da sua atenção.

Por fim, simplesmente conclua com uma palavra de gratidão ou com o Pai-nosso.

Essa forma de oração pode ser feita individualmente ou em grupo. Pode ser feita a caminho do trabalho, na quietude do princípio da manhã ou à noite, antes de se recolher. Quando for feita em grupo, você descobrirá que os membros do grupo saem da profundidade vagarosamente e precisam de um espaço de silêncio antes de voltar a falar.

Aqueles que usaram essa oração falam de uma profunda cura que acontece dentro de si. Se você mantiver essa forma de oração regularmente durante determinado período, viverá com um entendimento mais claro do seu lugar no universo.

Reflexão e diário

Escreva uma resposta de duas frases à pergunta: Quem sou eu? O que a sua resposta revela sobre aquilo que valoriza?

Em que áreas da sua vida você mais tende à autorrejeição?

4
Onde estive e aonde vou?

Quando ministrei cursos acadêmicos sobre vida espiritual, às vezes desenhava uma linha reta longa da esquerda para a direita no quadro-negro e explicava: "Esta é a nossa vida eterna em Deus. Você pertence a Deus de eternidade a eternidade. Você foi amado por Deus antes de nascer; você será amado por Deus por muito tempo depois de morrer". Depois, eu destacava um pequeno segmento da linha e dizia: "Este é o seu tempo de vida humana. É apenas uma parte de toda a sua vida em Deus. Você está aqui somente por pouco tempo – por vinte, quarenta, sessenta ou oitenta anos – para descobrir e acreditar que é um filho amado de Deus. A extensão do tempo não importa. A vida não passa de uma oportunidade breve dada a você durante alguns anos para dizer a Deus: 'Eu também amo você.'"

Como uma parábola sobre tal verdade, quero lhe contar a história real do meu amigo de L'Arche, chamado Adam[15]. Quero contá-la de uma perspectiva divina, como se Deus a estivesse contando. Deus tem uma história sobre Adam *lá de cima* que só Ele pode contar com plenitude, uma história para tentarmos ouvir:

---

[15] *L'Arche* significa "Arca de Noé" em francês e é o nome de uma rede internacional de comunidades de deficientes, seus assistentes e acompanhantes. De 1986 a 1996, Henri viveu em Daybreak, uma comunidade da L'Arche em Richmond Hills, Ontário, onde foi assistente de Adam. O seu livro *Adam*: God's beloved (1996) (*Adam, o amado de Deus*. Paulinas) conta toda a história.

A história de Deus sobre Adam

Há muito, muito tempo, antes de dar Adam aos seus pais, muito antes de ele ter nascido entre os seres humanos, eu o conhecia e amava. Ele me pertencia como filho amado. Eu o carreguei de toda a eternidade em meu Coração e mente e cuidei dele como a menina dos meus olhos. Então, um dia, enviei-o à Terra para viver entre as pessoas. Como seria um homem chamado ao sofrimento, confiei-o a uma mulher amorosa e a um homem zeloso que seriam seus pais. Enviei-o para ser uma testemunha silenciosa que traria a minha mensagem de amor por meio da sua grande vulnerabilidade. Sei que poucos são capazes de aceitar plenamente uma dádiva oculta no sofrimento. Assim, escolhi com muito cuidado essas duas pessoas, para que pudessem me ajudar a revelar essa dádiva ao mundo.

Durante trinta e quatro anos, Adam viveu entre seus irmãos e irmãs. Não falava, não andava sem ajuda, não frequentava a escola, não poderia encontrar um emprego, não trabalhava, nem tinha esposa e filhos. Não ministrava palestras, não escrevia livros, nem ganhou um prêmio. Simplesmente estava presente entre as pessoas como uma testemunha silenciosa do meu amor.

Então, aos 13 de fevereiro de 1996, percebi que Adam havia cumprido a sua missão e o chamei de volta para mim. Dei-lhe voz para que pudesse me contar tudo o que havia vivenciado na Terra e em um corpo que o permitiria andar, correr e dançar em minha presença para deleite de todos. Estou feliz por ele ter voltado e tenho certeza de que, tendo estado onde esteve, ele dará atenção especial a todos que o amaram e cui-

daram dele, mas também a todos aqueles cujo sofrimento ele compartilhou[16].

Você está preparado para ouvir essa história de cima? Essa história não ecoa como a história de Jesus, o próprio filho amado de Deus? Não é a sua e a minha história? Você consegue imaginar Deus sorrindo ao descobrirmos o segredo de que a história de Adam, a sua, a minha e a de Jesus na verdade são a mesma história? Todos nós fomos amados por Deus antes e além do tempo. Como o Senhor disse por meio do Profeta Jeremias: "Eu ameite com amor eterno" (Jr 31,3). E como o Salmista declara: "Tu me criaste em meu ser mais profundo; tu me entreteceste no ventre da minha mãe" (Sl 139,13). Às vezes levamos a vida inteira para ver, ouvir e crer em nossa história contada por Deus.

Duas vozes

Desde o início da minha vida, duas vozes interiores falam comigo; uma diz: *Henri, assegure-se de agir por conta própria. Assegure-se de se tornar alguém independente. Assegure-se de que eu possa me orgulhar de você;* e outra voz diz: *Henri, o que quer que você venha a fazer, ainda que não faça nada muito interessante aos olhos do mundo, assegure-se de estar perto do coração de Jesus, assegure-se de estar perto do amor de Deus.*

Estou certo de que todos nós ouvimos essas vozes em níveis diferentes – uma que diz: *Torne a sua vida importante, siga uma*

---

[16] "God's story of Adam". Prólogo inédito de *Adam:* God's beloved (Orbis Books, 1996).

boa carreira, e outra que diz: *Assegure-se de nunca perder o contato com a sua origem e vocação*. É uma luta, uma tensão.

No princípio, tentei resolver isso, tornando-me uma espécie de padre hifenizado: um padre-psicólogo. As pessoas diziam: "Não gostamos de ter padres por perto", e eu retrucava: "Bem, sou psicólogo. Obviamente tenho contato com coisas sofisticadas, então não riam de mim nem me desprezem".

Muito cedo em minha vida, agradava meu pai e minha mãe imensamente, estudando, depois ensinando, e depois tornando-me de certa forma conhecido, ensinando nas Universidades de Notre Dame, Yale e Harvard. Agradava muita gente fazendo isso e também me agradava. Mas em algum lugar no caminho que conduzia ao topo da escada perguntava se ainda estava em contato com a minha identidade fundamental e vocação. Comecei a perceber isso ao me flagrar falando a milhares de pessoas sobre humildade e, ao mesmo tempo, imaginando o que pensavam a meu respeito.

Não me sentia em paz. Na verdade, sentia-me perdido. Não sabia a que lugar pertencia. Era muito bom no tablado, mas nem sempre era tão bom em meu próprio Coração. Comecei a questionar se talvez a minha carreira não havia entrado na frente da minha vocação. Então, comecei a rezar: "Senhor Jesus, você me conhece e me ama com amor eterno. Diga-me aonde quer que eu vá e eu o seguirei. Mas, por favor, seja claro. Nada de mensagens ambíguas!" Rezei isso várias vezes.

Em uma manhã, às nove horas, alguém tocou a campainha do meu pequeno apartamento. Abri a porta e me deparei com uma jovem.

"Você é Henri Nouwen?"

"Sim."

"Vim transmitir-lhe os cumprimentos de Jean Vanier", ela prosseguiu.

Naquela época, não conhecia Jean Vanier. Ouvi dizer que era o fundador das comunidades L'Arche e que trabalhava com deficientes mentais, mas era tudo o que eu sabia.

Eu disse: "Ah, que bom. Obrigado. Em que posso ser útil?"

"Não, não, não", ela respondeu. "Vim transmitir-lhe os cumprimentos de Jean Vanier."

Repeti: "Obrigado, que bom. Você quer que eu me pronuncie em algum lugar, escreva algo ou dê uma palestra?"

"Não, não", ela insistiu. "Só queria que você soubesse que Jean Vanier lhe transmite os seus cumprimentos."

Depois que ela se foi, sentei e pensei: *Ora, isso não é por acaso. De alguma forma, Deus está respondendo a minha oração, trazendo uma mensagem e me chamando para algo novo?* Não fui solicitado a aceitar um novo emprego nem executar outro projeto. Não fui solicitado a ser útil a ninguém. Simplesmente fui convidado a conhecer outro ser humano que tinha uma mensagem para mim.

Três anos depois, finalmente, conheci Jean Vanier em um retiro silencioso durante o qual nada se falava. No final, Jean disse: "Henri, talvez L'Arche possa lhe oferecer um lar, um lugar onde você esteja realmente seguro, onde possa encontrar Deus de um modo totalmente novo". Ele não me pediu para ser útil; não me pediu para trabalhar para deficientes; não disse que precisava de outro padre. Simplesmente disse: "Talvez possamos lhe oferecer um lar".

Gradualmente, percebi que precisava levar esse chamado a sério. Deixei a Universidade de Harvard e fui para a comunidade L'Arche, em Trosly-Breuil, na França. Depois de passar um ano nessa comunidade com deficientes mentais e seus assistentes, que tentam viver em espírito de beatitude, respondi ao chamado de viver como padre em Daybreak, uma comunidade L'Arche perto de Toronto, com cerca de 150 deficientes e 50 assistentes.

É assim que conto a minha história, mas Deus também tem uma história minha, uma história que preciso tentar ouvir. O meu professor na escola de história sacra – a minha história contada por Deus – foi Adam, um dos 150 membros daquela comunidade.

Minha vida com Adam

A primeira coisa que me pediram ao chegar a L'Arche foi ajudar Adam com a sua rotina matutina (Entre tantos nomes, Adam! Soava como trabalhar com a própria humanidade)[17]. Adam, com vinte e quatro anos, não falava nem andava. Não era capaz de se vestir nem de despir-se. Embora me acompanhasse com os olhos, era difícil saber ao certo se ele realmente me conhecia.

Era limitado por um corpo disforme e sofria de ataques epilépticos frequentes.

---

[17] "Adam", em inglês, corresponde a "Adão" [N.T.].

Quando comecei com Adam, tive medo, e então não foi fácil trabalhar com ele. Preferiria estar dando aulas na universidade porque lá eu sabia o que fazer! Não tinha experiência em cuidar tão intimamente de outro ser humano. "Não se preocupe", os outros assistentes me garantiram. "Logo você realmente conhecerá Adam e então saberá como segurá-lo, como estar com ele".

Ia ao seu quarto às sete da manhã. Acordava-o com suavidade e o ajudava a levantar. Levantava-o e, com muito cuidado, ia com ele ao banheiro, porque tinha medo de ele sofrer um ataque. Depois de despi-lo, era uma luta ajudá-lo a entrar na banheira, já que era tão pesado quanto eu. Começava a respingar água nele, lavá-lo, passar xampu e retirava-o para escovar os seus dentes, penteá-lo e colocá-lo na cama de novo. Depois o vestia e o amparava pelas costas no caminho para a cozinha.

Quando estava sentado com segurança à mesa, oferecia-lhe o café da manhã. Ele conseguia levar a colher à boca. Principalmente porque Adam adorava comer e gostava de toda a comida, comíamos juntos e eu o observava atentamente enquanto comia. Depois de um tempo, percebi que eu nunca havia sentado em silêncio para observar alguém, especialmente uma pessoa que levava quase uma hora para tomar café.

Então, algo transpareceu: depois de duas semanas, eu estava menos receoso. Depois de três ou quatro semanas, senti que pensava muito sobre Adam e ficava ansioso por estar com ele. Percebi que algo acontecia entre nós – algo íntimo e belo que vinha de Deus. Não sei como explicar muito bem.

Deus estava falando comigo de uma forma nova por meio desse homem sofrido. Aos poucos descobri a afeição em mim e comecei a acreditar que Adam e eu deveríamos estar juntos. Para simplificar, Adam silenciosamente falava comigo sobre Deus e a amizade de Deus de maneira concreta.

Em primeiro lugar, ele me ensinou que *ser é mais importante do que fazer*, que Deus quer que eu esteja com ele e não que eu faça todos os tipos de coisas para provar o meu valor. Minha vida era fazer, fazer e fazer. Sou uma pessoa obstinada, que deseja fazer milhares de coisas para mostrar – de algum modo, no final – que tenho valor.

As pessoas diziam: "Henri, você está bem". Mas agora, aqui com Adam, eu ouvia: "Não me importa o que você faz, contanto que esteja comigo". Não foi fácil apenas estar com Adam. Não é fácil simplesmente estar com alguém e não fazer muita coisa.

Adam me ensinou algo mais: *o coração é mais importante do que a cabeça*. Se você provém de uma cultura acadêmica, é difícil aprender isso. Pensar com a cabeça, ter argumentos, discutir, escrever, fazer – é o que caracteriza um ser humano. Tomás de Aquino não disse que os seres humanos são animais pensantes? Priorizar uma abordagem intelectual na vida era um valor profundamente talhado em mim.

Bem, não estou certo sobre como Adam pensava, mas gradualmente me convenci de que Adam tinha um coração, um coração verdadeiramente humano. De uma vez só, vi que aquilo que humaniza um ser humano é o coração com o qual possa dar e receber amor. Ao se doar tão inteiramente às minhas mãos, Adam estava me dando um enorme quinhão do amor de Deus, vindo de um coração cheio de confiança, e eu estava dando o meu amor a Adam. Existia uma intimidade que ultrapassava palavras ou atos.

Quando a vida física, emocional, intelectual ou moral comanda toda a atenção, corremos o risco de esquecer a primazia do coração. O coração é a dádiva divina que nos permite confiar, não apenas em Deus, mas também em nossos pais, em nossa família, em nós mesmos e no mundo. Crianças bem pequenas parecem ter um conhecimento profundo e intuitivo de Deus, um conhecimento do coração que, tristemente, costuma ser obscurecido e sufocado por tantos sistemas de pensamento que adquirimos gradualmente. Os deficientes físicos e mentais conseguem deixar facilmente o seu coração falar e assim revelar uma vida mística inatingível por muita gente intelectualmente sagaz. Isso ocorre porque a vida mística, a vida do coração, origina-se em Deus bem no princípio da nossa existência. Pertencemos a Deus a partir do momento da nossa concepção. Nascemos em íntima comunhão com Deus, que nos criou no amor. E morreremos nos braços amorosos de Deus, que nos ama com amor eterno.

Fico envergonhado ao dizer que levou algum tempo para pensar que Adam, longe de ser principalmente um deficiente físico e mental e, assim, diferente de mim, era na verdade meu irmão. Era um ser humano completo, tão plenamente humano que foi escolhido por Deus para ser o instrumento do seu amor. A vulnerabilidade de Adam abria espaço para o coração. Adam, para mim, tornou-se apenas coração – o coração onde Deus escolheu residir, no qual queria falar com aqueles que se aproximassem do coração vulnerável de Adam.

E eu também entendi o que havia aprendido na América Latina há alguns anos sobre a "preferência de Deus pelos necessitados". De fato, Deus ama os necessitados, e Deus amava Adam de forma muito especial. Ele queria morar no corpo afetado de Adam para poder falar a partir daquela vulnerabilidade ao mundo da força e chamar as pessoas para se tornarem vulneráveis e oferecer o seu sofrimento a Deus no ministério.

Finalmente, Adam me ensinou algo sobre a comunidade. *Fazer coisas com outros é mais importante do que fazê-las sozinho.* Vim de um mundo preocupado em agir por conta própria, mas aqui estava Adam, tão fraco, vulnerável e dependente dos outros. E eu não poderia ajudar Adam sozinho. Nós dois precisávamos de todo tipo de gente. Em L'Arche Daybreak, tínhamos pessoas do Brasil, dos Estados Unidos, Canadá e Holanda – jovens e idosos – vivendo juntas em uma casa, ao redor de Adam e outros deficientes. Como o elo mais frágil entre nós, Adam criou a comunidade. Ele nos uniu; suas carências e vulnerabilidade nos tornaram uma comunidade verdadeira e amorosa. Com todas as nossas diferenças, não poderíamos ter sobrevivido enquanto comunidade se Adam não estivesse lá. A sua fraqueza era a nossa força, nosso ponto de convergência.

Foi isso que aprendi com Adam, filho amado de Deus. Vivi em Daybreak dez anos antes de Adam morrer. A história dele é a minha história de fraqueza, vulnerabilidade e dependência, mas também de força, autenticidade e doação.

Você ousa acreditar que a história de Deus sobre você coloca a sua história em perspectiva espiritual? Uma forma de fazer isso é escrever a sua própria história sem suprimir a sua vulnerabilidade e sofrimento e desejar contar a sua história aos outros. É a disciplina do testemunho no mundo. Eu contaria a minha história sagrada assim, crendo na veracidade da minha história contada por Deus.

Minha história com Deus

No âmago da minha fé existe a convicção de que sou um filho amado de Deus. Se eu tivesse de traçar uma linha em um quadro, diria: Eis a minha vida, minha pequena cronologia, meu pequeno relógio. Nasci em 1932 e me pergunto onde será o ponto final? Talvez 2010, talvez antes. Mais alguns anos são tudo o que tenho, na verdade. A vida passa muito, muito rápido[18].

Meus primeiros vinte e quatro anos de vida foram basicamente anos de preparação para a vida religiosa católica. Nasci e fui criado em uma família católica romana, estudei em escolas católicas romanas e vivi uma vida de relações exclusivas com católicos romanos. Era uma época em que todas as fronteiras eram claras. Eu era católico romano, não protestante; era cristão, não muçulmano, budista nem hinduísta; era crente, não pagão; era um homem, não uma mulher; era holandês, não alemão, francês nem inglês; era branco, não negro etc. Essas fronteiras muito claras me davam a sensação de estar no lugar certo, totalmente protegido e seguro. Nunca conheci ninguém divorciado, que tivesse abandonado a batina ou que fosse *gay*. Era muito claro o que eu iria fazer como padre. Eu conhecia os ensinamentos certos e a maneira correta de viver a vida moral. Seis anos no seminário haviam me dado orientações muito precisas e me haviam cercado de gente que havia recebido as mesmas orienta-

---

[18] Henri morreu em 21 de setembro de 1996 de um ataque cardíaco quando visitava a Holanda, a caminho de S. Petersburgo, para filmar um documentário sobre *A volta do filho pródigo*, de Rembrandt.

ções. Proclamar o Evangelho e administrar os sacramentos eram um desafio, mas não eram uma complicação, e eram coisas às quais eu realmente me sentia chamado. Eu era uma pessoa muito feliz, sentindo-me muito perto de Deus, com uma vida de orações muito disciplinada e uma vocação muito clara. Fui ordenado em julho de 1957.

Após a minha ordenação, estudei psicologia na Universidade Católica de Nijmegen, na Holanda, visitei o Concílio Vaticano, trabalhei como capelão da Linha América Holanda e fui treinado para capelão da reserva do exército. Depois, estudei durante alguns anos na Clínica Menninger para explorar a relação entre religião e psiquiatria, fui professor durante dois anos na Notre Dame, dez anos em Yale e três anos em Harvard e visitei a América Latina. Durante todos esses anos, aprendi que os protestantes pertencem à Igreja tanto quanto os católicos, hindus, budistas, e que os muçulmanos acreditam tanto em Deus quanto os cristãos, que os pagãos podem amar uns aos outros tanto quanto os crentes, que a psique humana é multidimensional, que a teologia, a psicologia e a sociologia se entrecruzam em muitos pontos, que as mulheres têm um verdadeiro chamado ao ministério, que os homossexuais têm uma vocação singular na comunidade cristã, que os pobres pertencem ao coração da Igreja e que o Espírito de Deus sopra onde quer. Todas essas descobertas gradualmente derrubaram muitas barreiras que haviam me abrigado com tanta segurança e me conscientizaram profundamente de que a aliança de Deus com o seu povo inclui todos. Para mim, pessoalmente, foi um tempo de busca, questionamento e frequente agonia. Um tempo extremamente solitário e com momentos de grande incerteza e ambiguidade interior. Aquele Jesus que eu conhecera na juventude havia morrido.

Quando ingressei na comunidade L'Arche Daybreak em Toronto, Canadá, em 1986, estava buscando um novo lar. Sabia que não poderia ser o antigo lar que deixei, mas não sabia como seria o novo lar. Durante os últimos anos vivendo com pessoas com deficiências mentais e seus assistentes em uma comunidade muito coesa, consistindo de pessoas de muitas religiões, histórias, comunidades e estilos de vida distintos, meu coração disparou e eu comecei a reconhecer a presença de Jesus de um jeito novo e radical. Durante esse período, vivenciei muita solidão, confusão e insegurança, mas experimentei todo esse pesar vivendo com necessitados que, em sua simplicidade e franqueza, ofereceram-me um espaço que gradualmente poderia se tornar um novo lar. Desde que comecei a viver em comunidade, a minha jornada espiritual aprofundou-se radicalmente e a sua dimensão plena ainda não sou capaz de articular totalmente. Mas sei que viver com as pessoas da minha comunidade me chama para ser uma testemunha de Deus de uma forma que nunca poderia ter ocorrido antes. Apenas em retrospectiva consigo unir os pontos da linha do tempo da vida e começar a ver a minha história sagrada a partir da perspectiva de Deus – como a minha história contada por Deus.

Agora você pode traçar a linha da sua vida no quadro à direita da minha e dizer: "Eu cheguei aqui". E você pode traçar o seu ponto final um pouco à direita do meu e dizer: "Tenho mais alguns anos a percorrer". E à medida que você começar a contar a sua história e a unir os pontos, é bom perceber que, embora a vida seja curta, é tempo suficiente para entender onde esteve e aonde vai.

Lembre: Você pertence a Deus de eternidade a eternidade. Você foi amado por Deus antes de nascer; você será amado por Deus muito tempo depois de morrer. O seu tempo de vida humana – longo ou curto – é apenas uma parte de toda a sua vida em Deus. O tempo não importa. A vida é apenas uma pequena oportunidade para você, durante alguns anos, dizer a Deus: "Eu amo você também".

Aprofundando-se: exercícios para direção espiritual

Todos nós temos uma história com Deus, estejamos conscientes ou não. Nossa história com Deus afeta a forma pela qual ouvimos, lemos, falamos, pensamos e rezamos. Embora a nossa história pessoal seja única, faz parte de uma história maior – a história de nossas vidas contada por Deus. Quando clamamos e partilhamos a nossa história sagrada, prestamos testemunho aos outros de que Deus tem uma história maior sobre cada um de nós.

Convido você a explorar a própria espiritualidade e clamar a sua própria história como sagrada conforme ela tiver emergido durante a sua vida. As seguintes perguntas podem ser úteis para redigir e apresentar a sua história sagrada para o seu pequeno grupo ou diretor espiritual:

1) Que momentos da sua vida com Deus parecem cruciais na sua jornada espiritual? Descreva esses momentos sucintamente e indique os seus principais significados intelectuais, emocionais e espirituais.

2) Quando pensa nas três principais disciplinas da vida espiritual (voltando-se para o Coração, voltando-se para Deus na Bíblia e um voltando-se ao outro na comunidade), onde você vê os seus maiores dons e a sua maior necessidade?

3) Que pessoas, livros, movimentos, ideias etc. desempenharam um papel importante no seu crescimento espiritual?

No diário, escreva uma reflexão de três parágrafos sobre a sua própria história sagrada com base em uma dessas três perguntas. Depois, divida com o seu diretor espiritual, amigo da alma ou grupo de orações.

Reflexão e diário

Como um período de descontentamento ou um encontro com alguém especial desafiaram a sua vida ou mudaram o rumo dela?

Parte II
Volte-se para Deus na Bíblia

5
O que é oração?

Assim como nos voltamos a Deus no coração, também o fazemos em relação à palavra de Deus por meio da oração. "O que é oração?" "Como rezar?" "Com que frequência rezar?" são as dúvidas exploradas neste capítulo. Leon Tolstoi criou uma parábola que atinge o coração da verdadeira oração.

Três monges em uma ilha

Três monges russos moravam em uma ilha distante. Ninguém nunca ia lá, mas um dia o seu bispo decidiu fazer uma visita pastoral. Ao chegar, descobriu que os monges nem sequer conheciam o Pai-nosso. Então, ele empregou todo o seu tempo e energia ensinando-lhes o Pai-nosso e depois foi embora, satisfeito com o seu trabalho pastoral. Mas quando o seu barco deixou a ilha e estava de volta ao mar aberto, ele de repente viu os três eremitas caminhando sobre a água – na verdade, correndo atrás do barco! Assim que o alcançaram, gritaram: "Padre, esquecemos a oração que nos ensinou". O bispo, estupefato com o que via e ouvia, disse: "Mas, queridos irmãos, então como vocês rezam?" Eles responderam: "Bem, apenas dizemos: 'Querido Deus, existem três de nós e três de você, tenha misericórdia de nós!'" O bispo, admirado pela sua santidade e simplicidade, disse: "Voltem para a sua terra e fiquem em paz"[19].

Existe uma diferença entre aprender *orações* e *estar disposto a rezar*, como ilustra a famosa parábola de Tolstoi. A disposição para rezar do coração é mais profunda e definitivamente mais importante do que orações *particulares* que são proferidas. As orações são expressões específicas de louvor e gratidão, confissão e rogo, súplica e intercessão. Exemplos de orações particulares são o "Pai-nosso" e a "Oração de Jesus". A disposição para rezar, no entanto, é uma questão do coração, em grande parte não dita, que se revela em gentileza, paz, humildade, compaixão e outros frutos do Espírito (cf. Gl 5,22-23). Na história de Tolstoi, são os monges que rezam em espírito e verdade, e é o bispo que reconhece a santidade e disposição deles para rezar, a despeito de ignorarem o "Pai-nosso".

Orações diárias e uma qualidade espiritualmente cultivada de disposição para a oração durante o dia possibilitam a admonição do Apóstolo Paulo para "rezar sem cessar".

Oração incessante

Aos cristãos em Tessalônica, Paulo escreve: "Estai sempre alegres; orai sem cessar: por tudo dai graças, porque esta é a vontade de Deus, em Jesus Cristo" (1Ts 5,17-18). Paulo não apenas encoraja a oração incessante, como também a pratica. "Damos sem ces-

---

[19] A parábola de Tolstoi é citada por Nouwen em *The road to Daybreak: a spiritual journey* (1988), p. 50 (*O caminho para o amanhecer*. Paulinas, 1999).

sar graças a Deus por vós" (1Ts 2,13), ele diz à sua comunidade na Grécia. "Por isso oramos incessantemente por vós, para que o nosso Deus vos faça dignos da sua vocação" (2Ts 1,2). Aos romanos, escreve: "Incessantemente faço menção de vós" (Rm 1,9) e conforta o seu amigo Timóteo com as palavras: "Faço memória de ti nas minhas orações, de noite e de dia" (2Tm 1,3).

Os dois termos gregos que se repetem nas cartas de Paulo são *pantote* e *adialeiptos*, que significam "sempre" e "sem interrupção". Essas palavras deixam claro que, para Paulo, a oração não faz parte do viver, mas de toda a vida, não do seu pensar, mas de todo o seu pensamento, não das suas emoções e sentimentos, mas de todos eles. O fervor de Paulo não deixa espaço para compromissos parciais, doação paulatina nem generosidade hesitante. Ele dá tudo e pede tudo.

Tal radicalismo obviamente suscita algumas perguntas difíceis. O que significa rezar sem cessar? Como podemos viver a vida, com as suas várias demandas e obrigações, como uma oração ininterrupta? E a infinita gama de distrações que invadem dia após dia? Ademais, como o sono, momentos necessários de diversão e as poucas horas em que tentamos escapar das tensões e conflitos da vida podem ser elevados à oração incessante? Essas perguntas são reais e impressionam muitos cristãos que desejam levar a sério a exortação de Paulo para rezar sem cessar.

Um dos mais conhecidos exemplos do desejo de oração incessante é o do camponês russo do século dezenove que queria tanto ser obediente ao chamado de Paulo à oração ininterrupta que foi de *staretz* a *staretz* (eremita a eremita) buscando uma resposta até finalmente encontrar um homem santo que o ensinou a oração de Jesus. Ele disse ao camponês que falasse milhares de vezes ao dia "Senhor Jesus Cristo, tenha misericórdia de mim". Assim, a Oração de Jesus lentamente unia-se à sua respiração e às batidas do seu coração, de forma que ele poderia viajar pela Rússia carregando a sua bolsa com a Bíblia, a *Philokalia* (uma antologia dos escritos místicos cristãos orientais), pão e sal, vivendo uma vida de oração incessante[20].

Embora não sejamos peregrinos nem camponeses russos do século dezenove, partilhamos a busca do simples peregrino: "Como rezar sem cessar?" Não quero responder a essa pergunta no contexto das extensas e silenciosas pradarias russas do século passado, mas no contexto do tumulto da nossa sociedade ocidental contemporânea. Sugiro que a prática da oração incessante seja um processo triplo: primeiro *clamamos a Deus* com todas as nossas necessidades e solicitações. Depois, transformamos os nossos pensamentos incessantes em contínua *conversação com Deus*. Finalmente, aprendemos a ouvir Deus em nossos corações por meio de uma disciplina diária de *meditação e prática contemplativa*.

Oração como clamor a Deus

Em primeiro lugar, a oração é um clamor a Deus que parte do nosso coração. "Senhor, ouvi minhas palavras, escutai meus gemidos" é uma oração que vem do coração. "Atendei à voz de minha prece, ó meu rei, ó meu Deus. É a vós que eu invoco" (Sl 5,1-2).

---

[20] Cf. FRENCH, R.M. [trad. *The way of a Pilgrim*. [s.l.]: (Seabury Press, 1965].

Há tanto medo e agonia em nós. Medo das pessoas, medo de Deus e muita ansiedade crua, indefinida, volúvel. Pergunto-me se o medo não é o nosso principal obstáculo à oração. Ao entrarmos na presença de Deus e começarmos a sentir aquela enorme reserva de medo em nós, queremos fugir em direção às tantas distrações que o nosso turbulento mundo nos oferece com tamanha abundância. Mas não devemos ter medo dos nossos medos. Podemos confrontá-los, dar palavras a eles, clamar a Deus e levá-los à presença Daquele que diz: "Não tenha medo, sou Eu."

A nossa inclinação é revelar a Deus apenas aquilo com o que nos sintamos confortáveis em partilhar. Naturalmente, queremos amar e ser amados por Deus, mas também queremos guardar um cantinho da nossa vida interior para nós mesmos, onde possamos nos esconder e pensar sobre nossos próprios pensamentos, sonhar nossos próprios sonhos e jogar com as nossas próprias criações mentais. Costumamos ser tentados a selecionar cuidadosamente os pensamentos que trazemos à nossa conversa com Deus.

O que nos faz tão incisivos? Talvez nos perguntemos se Deus é capaz de captar tudo o que passa pela nossa cabeça e coração. Deus é capaz de aceitar os nossos pensamentos odiosos, nossas fantasias cruas e nossos sonhos bizarros? Deus é capaz de lidar com os nossos instintos primitivos, ilusões infladas e exóticos castelos mentais? Essa retenção por Deus de grande parte dos nossos pensamentos nos leva a uma estrada que provavelmente nunca desejaríamos percorrer de forma consciente. É a estrada da censura espiritual – a supressão de todas as fantasias, preocupações, ressentimentos e pensamentos perturbadores que não desejamos dividir com ninguém, inclusive Deus, que tudo vê e sabe.

Ao escondermos os nossos pensamentos vergonhosos e reprimirmos as nossas emoções negativas, podemos facilmente escorregar pela escadaria emocional até o ódio e o desespero. É muito melhor clamar a Deus como Jó, derramando a Deus nossa dor e desespero e exigindo resposta.

Há muitos anos, Pierre Wolff escreveu um livrinho maravilhoso sobre a oração *sem censura*. Chama-se *May I Hate God?* (Posso odiar Deus?) e toca o centro da nossa luta espiritual. Nossos diversos medos, dúvidas, ansiedades e ressentimentos, ele afirma, nos impedem de provar e ver a bondade de Deus. A ira e o ódio, que nos separam de Deus e dos outros, também podem se tornar o portal para uma maior intimidade com Deus. Tabus religiosos e seculares contra a expressão de emoções negativas evocam a vergonha e a culpa. Somente expressando a nossa ira e ressentimento diretamente a Deus em oração conheceremos a plenitude do amor e da liberdade. Somente despejando a nossa história de medo, rejeição, ódio e amargura poderemos esperar ser curados[21].

Os salmos estão repletos de agonias e gritos crus e sem censura do povo de Deus, derramados a Deus e pedindo socorro. Por exemplo:

> Meu Deus, meu Deus, por que me abandonastes?... Clamo de dia e não me respondeis; imploro de noite e não me atendeis (Sl 22,1-2).

---

[21] WOLFF, Pierre. *May I Hate God?* [s.l.]: Paulist Press, 1979.

Minha voz se eleva para Deus e clamo. Elevo minha voz a Deus para que ele me atenda. No dia de angústia procuro o Senhor. De noite minhas mãos se levantam para ele sem descanso; e, contudo, minha alma recusa toda consolação (Sl 77,1-2).

Inclinai, Senhor, vossos ouvidos e atendei-me, porque sou pobre e miserável (Sl 86,1)[22].

Quanto mais ousamos mostrar todo o nosso tremulante ser a Deus, conforme fizeram os antigos que rezavam os salmos, mais seremos capazes de sentir que o amor de Deus, que é perfeito, bane os nossos medos, purifica os nossos pensamentos e cura o nosso ódio.

Oração como conversação

Em segundo lugar, quando o monólogo passa a diálogo, a oração se torna uma conversa simples e íntima com o Senhor que nos ama. Por exemplo, quando rezo o salmo "Quando vos invoco, respondei-me, ó Deus de minha justiça, vós que na hora da angústia me reconfortastes. Tende piedade de mim e ouvi minha oração" (Sl 4,2), às vezes ouço a resposta de Deus: "Estou com você..." e tudo ficará bem. Às vezes, à noite, eu rezo: "Ó Senhor, venha em meu auxílio; Ó Senhor, não tarde em me ajudar", e ouço a resposta de Deus: "Deus é nosso refúgio e nossa força, mostrou-se nosso amparo nas tribulações" (Sl 45,1). E quando digo a Deus o quanto me sinto solitário e sem amor, costumo sentir o encorajamento de Deus:

---

[22] *Psalms: a new translation: singing version* (Paulist Press, 1966). Observe a enumeração diferente nesta tradução. As outras versões são enumeradas um número acima (ex.: 116 = 117).

"Porque sem limites é a sua misericórdia para conosco, e eterna a fidelidade do Senhor" (Sl 116,2). Depois de rezar, tento escutar a voz de Deus e guardar a palavra que ouço comigo durante o dia. Mediada por meio da palavra, a oração torna-se uma conversa com Aquele que me conhece e ama.

Rezar incessantemente, como São Paulo nos pede, seria completamente impossível se significasse pensar constantemente ou falar continuamente com Deus. Rezar incessantemente não significa pensar sobre Deus contrastando com outras coisas, nem falar com Deus em vez de falar com outras pessoas. Ao contrário, significa pensar, falar e viver na presença de Deus. Embora seja importante e até mesmo indispensável para a vida espiritual reservar tempo para Deus e Deus isoladamente, a oração apenas pode se tornar incessante quando todos os nossos pensamentos – belos ou feios, elevados ou baixos, orgulhosos ou vergonhosos, tristes ou alegres – possam ser pensados e expressos na presença de Deus. Assim, a conversão do nosso pensamento incessante em oração incessante nos transporta de um monólogo autocentrado a um diálogo centrado em Deus. Isso requer que transformemos todos os nossos pensamentos em conversação. A principal questão, assim, não é tanto o que pensamos, mas a quem apresentamos os nossos pensamentos.

Não é difícil ver como uma mudança real ocorre em nossa vida diária ao encontrarmos a coragem de não mais guardar nossos pensamentos para nós mesmos, mas proferi-los, confessá-los, compartilhá-los, trazê-los à conversação. Assim que uma ideia embaraçosa ou jubilosa é retirada do isolamento e trazida a um relacionamento, com Deus ou outra pessoa, algo novo acontece.

Ao assumirmos o risco e vivenciarmos a aceitação, nossos próprios pensamentos são investidos de uma qualidade nova e são transformados em oração.

Assim, oração não é introspecção. Não se volta para dentro, mas para fora. A introspecção pode facilmente nos aprisionar no labirinto da análise voltada para o interior das nossas próprias ideias, sentimentos e processos mentais, e pode nos levar a indagações paralisantes, autoabsorção e desespero. A oração é uma atenção externa e cuidadosa Àquele que nos convida a uma conversa incessante. A oração é a apresentação de todos os pensamentos – pensamentos reflexivos, assim como sonhos e pesadelos – ao nosso Pai amoroso, que pode vê-los e respondê-los com compaixão divina. A oração é a afirmação jubilosa de que Deus conhece a nossa mente e coração sem nada escondido. De acordo com o salmista:

> Senhor, vós me perscrutais e me conheceis,
> sabeis tudo de mim, quando me sento ou me levanto.
> De longe penetrais meus pensamentos.
> Quando ando e quando repouso,
> vós me vedes, observais todos os meus passos.
> A palavra ainda me não chegou à língua,
> e já, Senhor, a conheceis toda (Sl 138,1-4)[23].

Oração como contemplação

Por fim e fundamentalmente, a oração é uma atitude de coração aberto, silenciosamente afinada com o Espírito de Deus, revelando-se na gratidão e contemplação. A oração não é apenas clamar a Deus por ajuda (embora certamente esse seja o começo) nem falar com Deus sobre os nossos pensamentos; a oração é um escutar

---
[23] Ibid.

silencioso que leva à contemplação perante Deus. Orações particulares podem se tornar *disposição para rezar* do Coração, cultivando-se uma atitude de gratidão e um espírito de contemplação.

Conforme aprendemos a rezar, em algum ponto do caminho experimentamos o clamor a Deus sobre as nossas necessidades como um monólogo, um assunto unilateral. E até mesmo quando a oração torna-se diálogo, com Deus falando e respondendo as nossas orações, desejamos mais a presença de Deus. A verdade é que a oração é mais que sentimento, fala, pensamento e conversa com Deus. Rezar também significa ficar quieto e escutar, sintamos ou não que Deus fala conosco. Mais do que qualquer coisa, a oração é sobretudo ouvir e esperar. Escutamos Deus em uma atitude de abertura do coração, humildade de espírito e quietude da alma. Deixamos a nossa mente descer ao coração e lá permanecer na presença de Deus.

Uma forma de permanecer perante Deus e rezar incessantemente é meditar com a Oração de Jesus. Na parábola em que Jesus conta sobre o fariseu e o publicano, em Lucas 18, a simples oração do publicano – "Meu Deus, tem misericórdia de mim, pecador" – foi ouvida e tornou-se conhecida na tradição ortodoxa oriental como a Oração de Jesus. A repetição bem lenta da simples frase "Senhor Jesus, misericórdia" cria uma qualidade meditativa que traz paz e repouso à alma. As palavras podem se tornar parte da nossa respiração, de todo o nosso ser. A beleza da Oração de Jesus é que podemos rezar no trabalho – ao dirigir, ao sentar para estudar, até mesmo ao comer ou adormecer. Assim, rezamos sem cessar.

Com o passar do tempo, as nossas orações particulares tornam-se disposição para rezar, e a qualidade da disposição para rezar nos conscientiza mais da presença divina. Gradualmente, aprendemos que Deus não é um Deus silencioso que não quer ser ouvido nem vivenciado. Deus não é um Deus resistente que tem de ser manipulado para prestar atenção a nós. Deus não é um Deus relutante que tem de ser convencido a fazer algo de bom por nós. Não, acabamos por perceber que Deus é um Deus de compaixão, "vagaroso na ira e abundante em amor firme", que veio para morar em nosso meio e quer ser ouvido para que a cura venha.

Em resumo, a oração é um clamor a Deus, uma simples conversa e um escutar contemplativo na presença de Deus, que nos ama. Quando aprendemos esses aspectos, conseguimos fazer da disposição para rezar uma prática diária e, assim, como diz o Apóstolo Paulo, "orai cem cessar" (1Ts 5,17).

Disciplina da oração

A oração não é algo que venha natural ou facilmente. É algo que requer aprendizado e disciplina. Isso é verdade tanto ao se proferir orações particulares quanto para permanecer em contínua atitude de disposição para a oração. Ao aprender a rezar, é importante reservar um *tempo definido*, um *local especial* e um *foco único*.

Um tempo definido

Nosso momento de oração poderia ser de manhã, ao meio-dia ou à noite. Poderia ser uma hora, meia hora ou dez minutos. Poderia ser uma vez ou mais vezes ao dia. O importante é o compromisso com um tempo definido durante o dia para estar sozinho com Deus em oração.

A questão não é "devo rezar?", mas "quando rezarei?" Antes de trabalhar? Durante um intervalo no meio do dia? À noite, antes de dormir? A maioria das pessoas acha que de manhã cedo é a melhor hora do dia que pode ser reservada para a oração, como Jesus fazia (cf. Mc 1,35). Se for inviável, então reserve alguma outra hora durante o dia para dedicar toda a atenção a Deus. Qualquer meia hora durante o dia é melhor do que nada. Sem uma meia hora de oração pela manhã ou à noite, ou dez minutos de oração durante o dia, ou uma breve prece antes ou depois do jantar, começamos a esquecer que Deus está perto e que a nossa vida em Deus é uma vida de oração.

Um local especial

Depois de reservar nosso tempo para Deus, estamos livres para seguir as palavras de Jesus: "Entra no teu quarto e, fechada a porta, ora a teu Pai em segredo" (Mt 6,6). Não apenas a hora, mas o lugar também é importante na oração. Escolha um lugar especial para rezar os salmos, meditar sobre o mundo ou contemplar a glória de Deus. Jesus costumava optar por subir uma montanha, entrar em um jardim, partir para o deserto ou repousar em um barco sobre as águas para rezar e ouvir Deus. O Apóstolo Paulo, quando estava na cidade de Filipos, procurou um lugar especial para rezar junto ao rio (At 16,13). Ao ar livre ou não, onde quer que você se sinta mais à vontade, encontre um ponto sossegado e tranquilo para rezar e meditar.

O ideal é ter um cômodo especial na sua casa reservado à oração. Se esse lugar for decorado com imagens que falem de Deus, se houver velas para iluminar ou talvez incensos para queimar, você desejará estar lá com maior frequência. E quanto mais rezar lá, mais esse lugar estará cheio da energia e do poder da oração. Em tal espaço, não será difícil deixar o mundo para trás por um momento e deixar-se absorver pelo amor de Jesus.

Se não puder reservar um cômodo, encontre um "armário para orações" ou o canto de um cômodo para montar um altar ou arranje uma cadeira especial para rezar. E se não for possível, tente ir a uma igreja ou capela onde se sinta seguro e queira voltar. Embora seja verdade que é possível rezar em qualquer lugar, é melhor ter um horário particular e um lugar especial designados para orações solitárias regulares.

Um foco único

O que fazer no horário e no local para a oração? A resposta simples é: apenas fique com Jesus. Deixe-o olhar para você, tocar você e falar com você. Acredite estar na presença de Deus. Fale de qualquer forma os desejos do seu coração. E aprenda a ouvir. Deixe Deus ser o foco único do seu tempo reservado para estar na presença do Senhor.

Para a maioria de nós, essa resposta simples não é suficiente. A complicação é que, tão logo entramos na solitude, descobrimos o quão cansados ou entediados estamos. Claro, se estivermos fisicamente exaustos, não podemos rezar. A coisa mais espiritual que podemos fazer nesse caso é tirar um cochilo. Quando estamos entediados, o tempo parece vazio e inútil.

Mas por que não usar um pouco de tempo "inútil" em nossos dias ocupados em oração? A oração não é estar *ocupado com Deus*, ao contrário de estar ocupado com alguém ou outra coisa. A oração é sobretudo uma hora "inútil" para estar com Deus, não porque eu seja tão inútil para Deus, mas porque não estou no controle. Se algo útil surgir da minha prece, é Deus quem o faz. Com o passar do tempo, o nosso tempo com Deus pode vir a se tornar mais frutífero. Mas isso não é da nossa alçada. O tempo reservado para a oração está sob o nosso controle, mas os resultados não estão.

Quando estivermos alertas e prontos para rezar, o que devemos fazer é encontrar um foco. Leia o Evangelho durante o dia, cante um Salmo ou escolha um versículo da Bíblia e leia-o vagarosamente.

Em todas as grandes tradições espirituais, os praticantes de oração ou meditação têm um único ponto de concentração. Para os cristãos, o foco pode ser o nome "Jesus". Ou a Oração de Jesus: "Senhor, misericórdia". Pode ser uma imagem sugestiva, uma palavra poderosa ou uma frase da Bíblia – algo que comande a sua atenção. O propósito de focar a sua oração é libertar a mente para meditar com o coração e contemplar a glória de Deus.

Lidando com as distrações

Quando estamos aprendendo a rezar com um único foco, descobrimos o quão caótica a nossa vida interior tornou-se. De repente, todos os tipos de pensamentos, fantasias e sentimentos dispersivos vêm à tona. Logo nos sentimos como uma bananeira cheia de macacos saltitantes. Nossa mente é cheia de coisas para fazer: a carta que tentamos escrever, os telefonemas que precisamos dar, um compromisso de jantar que temos de manter, um artigo que temos de escrever, um *insight* que temos de captar, onde preferiríamos estar, nossas indagações e preocupações etc.

Não se surpreenda. Você não pode fechar repentinamente a porta de uma casa que sempre esteve aberta a estranhos e esperar que ninguém bata à porta de novo. Não combatemos as distrações empurrando as coisas para longe, mas focando uma coisa. É como olhar para uma vela por muito tempo. Lentamente, você começa a se sentir quieto conforme foca outra coisa, e então as distrações começam a desaparecer. Com a prática, você poderá aprender a reconhecer as distrações, optar por não as perseguir, mandá-las embora e voltar ao seu propósito principal, que é a oração.

Então, quando uma distração invadir a sua oração, sorria para ela, deixe-a passar e retorne ao foco que escolheu. Repita as palavras do salmo, leia mais uma vez a lição do Evangelho, retorne à imagem de contemplação, continue meditando com a sua palavra escolhida. No final, as palavras que proferir com os seus lábios ou no seu coração, as imagens que contemplar e captar, as sensações que sentir ao rezar tornar-se-ão cada vez mais atraentes e logo você as achará mais importantes e agradáveis do que muitos "deveres" e "obrigações" que tentam resvalar na sua consciência espiritual. As palavras que vêm de Deus têm o poder de transformar a sua vida interior e nela criar um lar onde Deus reside alegremente.

Seja fiel

O que importa é a fidelidade à oração. Fique com ela como uma disciplina da vida diária. Se escolher um tempo definido, um lugar especial e um foco único para rezar, então aos poucos o tédio arrefece, as distrações diminuem e a presença de Deus é encontrada. Quando aprender a rezar em certos momentos e lugares, e com um foco único, você poderá descobrir que é possível permanecer em atitude de oração e gratidão ao longo do dia. É o que São Paulo quer dizer ao afirmar: "Reze sem cessar". É o que Jesus quer dizer quando chama a oração de "a única coisa necessária" (Lc 10,42).

Deixe-me oferecer uma oração a você enquanto continua a fazer da oração parte da sua vida e crê que Deus ajudará algum dia, concedendo o conhecimento de que começou a rezar sem cessar.

Senhor Jesus Cristo, misericórdia de mim. Deixe-me conhecê-lo como meu amoroso irmão que nada retém – nem mesmo os meus piores pecados – contra mim, mas que deseja me tocar em um terno abraço. Leve meus medos, suspeitas e dúvidas que me fazem impedi-lo de ser o meu Senhor e dê-me coragem e liberdade para aparecer despido e vulnerável à luz da sua presença, confiante em sua abismal misericórdia e desejando ouvi-lo em todas as horas e lugares. Amém.

Aprofundando-se: exercícios para direção espiritual

A disciplina da oração

Convido você a tentar seguir uma disciplina de oração por dez minutos em um dia ou mais durante uma semana e depois discutir a sua experiência com o seu diretor espiritual ou grupo de orações.

1) Simplesmente reserve uma hora e local específicos para "perder" um pouco de tempo sozinho consigo e com Deus. Quando e onde você rezará?

2) Acrescente ao seu horário particular e lugar especial um foco único. Pode ser uma imagem, uma palavra, uma frase bíblica ou uma pequena prece meditativa que se repita.

3) Se as distrações surgirem ou você se sentir ansioso ou sonolento, reconheça a distração – não a combata – e simplesmente retorne à sua imagem, frase ou escritura.

4) Abrace o silêncio entre as repetições na oração. É assim que se cria espaço para Deus se apresentar.

5) Às vezes, dentro do nosso horário, local e foco sagrados, Deus fala uma palavra simples para ouvirmos. Aprenda a ouvir a voz silenciosa e breve.

Muitas pessoas que praticam isso regularmente acabam descobrindo que não querem perder o seu horário de oração – ainda que não as satisfaça emocionalmente no momento. Elas podem ser distraídas durante os dez minutos, mas retornam continuamente. Elas dizem que "algo está acontecendo comigo em um nível mais profundo que o meu pensamento".

Tampouco eu sempre tenho pensamentos ou sentimentos maravilhosos ao rezar. Mas creio que algo esteja acontecendo, porque Deus é maior do que a minha mente e o meu coração. O mistério maior da oração é maior do que eu seja capaz de perceber com meus sentidos emocionais ou dons intelectuais. Creio que Deus seja maior do que eu quando resido – deixo-me ser abraçado – naquele lugar de oração. No final, ao fazer isso, realmente vivo uma vida muito espiritual.

Reflexão e diário

Que partes da sua vida você se sente tentado a ocultar de Deus?

Que pensamentos está tendo agora? Pare e os ofereça a Deus como uma oração conversacional.

Com que tempo, local e foco de oração você irá se comprometer nesta semana?

6
Quem é Deus para mim?

Uma boa maneira de responder a grandes perguntas como *Quem é Deus? A quem estou rezando?* e *Quem é Deus para mim?* é contar histórias como o antigo conto indiano sobre os quatro cegos e o elefante.

Os quatro cegos e o elefante

Quatro cegos descobriram um elefante. Como nunca haviam encontrado um elefante antes, apalparam-no, tentando entender e descrever este novo fenômeno. Um sente a tromba e conclui ser uma cobra. Outro explora uma das patas do elefante e a descreve como uma árvore. O terceiro acha o rabo do elefante e anuncia ser uma corda. E o quarto cego, após descobrir a lateral do elefante, conclui ser uma muralha, no final das contas.

Quem está certo? Cada um, em sua cegueira, está descrevendo a mesma coisa: um elefante. Então, todos estão certos, mas nenhum está completamente certo[24].

---

[24] Adaptado do *Buddhist Sutra*.

A quem eu rezo?

Enquanto estive na Abadia de Genesee, fiz uma pergunta bastante básica ao Abade: "Quando rezo, a quem rezo?", ou "Quando digo 'Senhor', o que quero dizer?"

A resposta do Abade foi muito diferente do que eu esperava. Disse: "De fato, essa é a verdadeira pergunta, é a pergunta mais importante que se pode fazer". Ressaltou com ênfase convincente que se eu realmente quisesse levar tal pergunta a sério, deveria perceber que sobraria pouco espaço para outras coisas. O conhecimento de Deus é um assunto que nunca pode ser dominado integralmente.

"Não é nada fácil", ele disse, "tornar tal pergunta o centro da sua meditação. Você descobrirá que envolve todas as partes do seu ser, porque a pergunta 'Quem é o Deus a quem eu rezo?' leva diretamente à pergunta 'Quem sou eu, para desejar rezar a Deus?' E, então, você logo questionará o caráter multivalente de Deus e perguntará: 'Por que o Deus da justiça também é o Deus do amor? O Deus do medo também é o Deus da branda compaixão?' Isso o leva ao centro do seu Coração – o âmago do nosso ser". O que o Abade queria dizer com "Coração" inclui os profundos recantos da nossa psique, nosso temperamento e sentimentos, nossas emoções e paixões, também nossas intuições, *insights* e visões. É no coração onde mais somos humanos. Um coração atento significa, então, um coração onde estamos abertos a Deus com todas as nossas dúvidas, com tudo o que somos e com tudo o que temos. É um grande ato de fé e confiança.

"Na sossegada meditação do Coração atento, há uma resposta?", perguntei. "Sim e não" – disse o Abade. "Você descobrirá na sua meditação. Algum dia, você poderá ter um lampejo de compreensão, até mesmo enquanto a dúvida ainda permanecer e o aproximar de Deus. Mas não é uma dúvida que pode ser simplesmente *uma* das suas dúvidas. De certa forma, precisa ser a sua única dúvida ao redor da qual tudo o que fizer encontre o seu lugar. Requer certa decisão para tornar a dúvida o centro da sua meditação."

Pare e reconheça

O Salmo 46 nos fala sobre como tornar a questão de Deus o centro da nossa vida e como encontrar o Deus que deseja ser encontrado:

> Deus é nosso refúgio e nossa força, mostrou-se nosso amparo nas tribulações. Por isso a terra pode tremer, nada tememos; as próprias montanhas podem se afundar nos mares. Ainda que as águas tumultuem e estuem e venham abalar os montes. Os braços de um rio alegram a cidade de Deus, o santuário do Altíssimo... Parai, disse ele, e reconhecei que sou Deus; que domino sobre as nações e sobre toda a terra (Sl 46,1-4.10).

O salmista similarmente ouve Deus declarar: *"Parai, reconhecei que eu sou Deus.* Parai e reconhecei que tipo de Deus eu sou. Parai e reconhecei que sou o que sou e que esperar-vos-ei".

Cada um dos quatro cegos da parábola toca uma parte do elefante, assim como quatro pessoas de fé estão em contato com diferentes aspectos de Deus. Todos reconhecem a verdade sobre a realidade que tocam, mas nenhum de forma completa. Refletindo sobre a sabedoria da história em relação à questão de Deus no Salmo, quero dizer quatro coisas sobre Deus, percebendo que, embora essas coisas possam ser verdadeiras, nenhuma o é totalmente. Primeiro, *Deus está conosco.* Segundo, *Deus é pessoal.* Terceiro, *Deus está oculto.* E quarto, *Deus está nos buscando.* Então, quero desafiar você a "parar e reconhecer" em seu coração que Deus é Deus.

Deus está conosco

Na verdade, a boa notícia é que Deus não é um Deus distante, um Deus para ser temido e evitado, um Deus de vingança, mas um Deus que é movido pelas nossas dores e participa da completude da luta humana. Deus é um Deus compassivo. Isso significa, em primeiro lugar, que Deus é um Deus que escolheu estar conosco. Assim que chamamos Deus de "Deus conosco", ingressamos em uma nova relação de intimidade. Chamando Deus de Emanuel, reconhecemos que Deus está comprometido em viver em solidariedade conosco, em partilhar os nossos júbilos e dores, em nos defender e proteger, e em sofrer toda a vida conosco. Deus conosco é um Deus próximo, um Deus a quem chamamos de nosso refúgio, nossa fortaleza, nossa sabedoria e, ainda com mais intimidade, nosso ajudante, nosso pastor, nosso amor. Nunca realmente reconheceremos Deus como um Deus compassivo se não entendermos com o nosso coração e mente que Deus veio e viveu entre nós e conosco (Jo 1,14).

A maneira pela qual Deus está conosco é por meio da palavra encarnada em Jesus, que caminha ao nosso lado com amor e compreensão. Lembro de uma época crítica quando o Senhor caminhou comigo de maneira especial. Depois de ser atingido pelo retrovisor de uma *van* em movimento, acabei no hospital com cinco costelas quebradas e hemorragia no baço. Minha vida estava correndo sério risco. Enquanto enfrentava a cirurgia, deixei-me entrar no portal da morte. O que experimentei foi amor puro e incondicional. Ouvi uma voz dizer: "Não tenha medo. Estou com você". Quando os enfermeiros me colocaram na mesa de operação, perdi o medo e senti uma imensa paz interior. Disseram-me que eu havia perdido dois terços do meu sangue e escapei da morte por pouco. Embora Jesus estivesse lá para me saudar, fui enviado de volta com um objetivo – falar a verdade de Cima para baixo, da Eternidade para o tempo. Emanuel – *Deus está conosco*.

Deus é pessoal

Uma segunda verdade sobre Deus é que Deus está conosco de uma forma pessoal. Viajei a S. Petersburgo em julho de 1986 para estudar a pintura de Rembrandt *A volta do filho pródigo*. Enquanto estava sentado em frente à pintura no Hermitage, tentando absorver o que via, muitos grupos de turistas passavam. Muito embora ficassem menos de um minuto com a pintura, quase todos os guias a descreviam como uma pintura do pai compassivo. Em vez de se chamar *A volta do filho pródigo*, po-deria facilmente chamar-se *A acolhida do pai compassivo*.

Observando a maneira pela qual Rembrandt descreve o pai, veio a mim um novo e total entendimento do que é ternura, misericórdia e perdão. Raramente, se é que isto já ocorreu, o imenso e compassivo amor de Deus foi expresso de um jeito tão pungente e humano. As qualidades mais divinas são captadas nos gestos e relacionamentos mais humanos. Deus, o criador do céu e da terra, escolheu ser, primeiramente e sobretudo, um pai amoroso expresso com maior frequência no Novo Testamento como *Abba*, um pai terno, gentil e muito íntimo.

Abba é uma palavra muito íntima. A melhor tradução para ela é "Paizinho". A palavra *Abba* expressa confiança, segurança, crédito, certeza e, sobretudo, intimidade. Não tem a conotação de autoridade, poder e controle que a palavra *pai* costuma evocar. Ao contrário, *Abba* sugere um amor envolvente e provedor que vem a nós dos nossos pais, mães, irmãos, irmãs, cônjuges, amigos e apreciadores.

Chamar Deus de "Abba, Pai" é diferente de atribuir a Deus um nome familiar. Chamar Deus de "Abba" é entrar no mesmo relacionamento íntimo, destemido, confiante e enriquecedor com Deus que Jesus tinha. Esse relacionamento se chama Espírito, e esse Espírito nos é dado por Jesus e nos capacita a clamar quando estamos com ele, "Abba, Pai".

Chamar Deus de "Abba, Pai" é um clamor do coração, uma prece que brota do nosso mais íntimo ser (cf. Rm 8,15 e Gl 4,6). Não tem nada a ver com rotular Deus, mas tudo a ver com clamar a Deus como a fonte de quem somos. Esse clamor não provém de nenhum *insight* repentino nem convicção adquirida; é o clamor que o Espírito de Jesus faz em comunhão com os nossos espíritos. É o clamor do amor.

Uma olhada mais atenta na pintura de Rembrandt também revela a imagem de uma mãe amorosa que recebe o filho em casa. Deus é pessoal, ainda que esteja além de gênero e limitações. O que vejo na pintura de Rembrandt na figura acolhedora não é apenas a de um pai que "toma o filho em seus braços", mas também a de uma mãe que acaricia o filho, envolve-o com o calor do corpo e o aperta contra o ventre de onde nasceu. Todas as vezes em que olho para o manto que parece ter tentáculos e asas na pintura de Rembrandt, sinto a qualidade maternal do amor de Deus, e o meu coração começa a cantar as palavras inspiradas pelo salmista:

> Tu que habitas sob a proteção do Altíssimo, que moras à sombra do Onipotente, dize ao Senhor:
>
> Sois meu refúgio e minha cidadela, meu Deus, em que eu confio.
>
> [...] Ele te cobrirá com suas plumas, sob suas asas encontrarás refúgio (Sl 90)[25].

O sentido mais profundo da "volta do filho pródigo" é o retorno ao ventre de Deus, o retorno às origens do ser, e mais uma vez ecoa a exortação de Jesus a Nicodemos para renascer de cima. O que vejo aqui é Deus como Mãe, que recebe de volta em seu ventre aquele que ela criou à sua imagem. Os olhos quase cegos, as mãos, o manto, o corpo arcado, tudo evoca o amor materno divino, marcado por tristeza, desejo, esperança e espera infindável.

O mistério, de fato, é que Deus, em sua infinita compaixão, uniuse eternamente à vida dos seus filhos. Ela optou livremente por depender das suas criaturas, a quem doou a liberdade. Essa opção lhe causa tristeza quando a deixam; essa opção a alegra quando voltam. Mas o seu júbilo não será completo até que todos a quem deu

---

[25] Salmo 90 de *Psalms*: a new translation: singing version.

vida tenham voltado para casa e se reunido ao redor da mesa preparada para eles.

A parábola do filho pródigo é uma história que fala sobre um amor que existiu antes de qualquer rejeição ser possível e que ainda estará presente depois de todas as rejeições. É o primeiro e eterno amor de um Deus que é Pai e Mãe.

Deus está oculto

O terceiro aspecto de Deus é muito difícil de aceitar: Deus está oculto, assim como pode ser encontrado, ausente e presente. O aspecto oculto e misterioso de Deus é celebrado no texto místico clássico *The cloud of unknowing*[26].

Quando vivenciamos a realidade da presença de Deus pela primeira vez em nossa vida, quando voltamos para casa, ao encontro do abraço pessoal e amoroso de Deus, somos inicialmente protegidos da verdade do oculto e ausência de Deus. Finalmente, podemos vir a entender que esse também é um aspecto de divindade.

Definitivamente, descobrimos que Deus não pode ser compreendido nem percebido pela mente humana. A verdade plena de Deus escapa às nossas faculdades humanas. A única maneira de se aproximar dela é pela ênfase constante sobre os limites humanos para "ter" ou "reter" toda a verdade. Não podemos explicar Deus nem a presença de Deus na história. Assim que identificamos Deus com um evento ou situação específicos, fazemos o papel de Deus e

---

[26] Anônimo. *The cloud of unknowing* [*A nuvem do não saber* (Prefácio de Anselm Grün). Vozes, 2007].

distorcemos a verdade. Podemos crer apenas em nossa afirmação de que Deus não nos deixou, mas nos chama em meio a todos os absurdos inexplicáveis da vida.

Quando você busca ser formado por Deus com consciência, é muito importante perceber isso profundamente. Existe uma grande tentação para sugerir a mim mesmo ou aos outros onde Deus está operando ou não, quando Deus está presente ou não, mas ninguém, nenhum líder cristão, padre, pastor, monge ou freira, nem um diretor espiritual têm conhecimento "especial" sobre Deus. A plenitude de Deus não pode ser limitada por nenhum conceito nem previsão humana. Deus é maior do que a nossa mente e o nosso coração e é perfeitamente livre para ser revelado onde e quando quiser.

Dietrich Bonhoeffer, em *Letters and papers from prison*, escreve: "O Deus que está conosco é o Deus que nos abandona (Mc 15,34). Perante Deus e com Deus vivemos sem Deus"[27]. Ao meditar sobre a pergunta "Quem é Deus e quem é Deus para mim?", tocamos na terrível verdade de que as nossas frágeis vidas de fato vibram entre os dois lados da escuridão. Hesitantemente, viemos da escuridão do nascimento e lentamente sumimos na escuridão da morte. Vamos do pó ao pó, do desconhecido ao desconhecido, do mistério ao mistério.

Tentamos manter um equilíbrio vital sobre a fina corda da vida que se estica entre os dois polos definitivos que marcam a nossa vida cronológica. Somos cercados pela realidade do oculto e do desco-

---

[27] Dietrich Bonhoeffer. *Letters and papers from prison*, revisto por Eberhard Bethge (Macmillan, 1972), p. 360, citado por Nouwen em *The living reminder* (1977) (*Memória viva*. Loyola, 2001).

nhecido, que preenche todas as partes da nossa vida com terror, mas ao mesmo tempo guarda o mistério secreto de estar vivo. O segredo é este: "este povo, que jazia nas trevas, viu uma grande luz" (Mt 4,16). E essa luz, embora possa ser mascarada, não pode se apagar, porque brilha por toda a eternidade.

A luz de Deus está *além* da escuridão – além dos nossos corações e mentes, além dos nossos sentimentos e pensamentos, além das nossas expectativas e desejos e além de todos os eventos e experiências que compõem a nossa vida. Ainda assim, Deus é o centro de tudo.

Na oração e na meditação, a presença de Deus nunca se separa da ausência de Deus, e a ausência de Deus nunca se separa da presença de Deus no coração. A presença de Deus está tão além da experiência humana de estar perto de outra pessoa que é facilmente mal percebida como ausência. A ausência de Deus, por outro lado, costuma ser sentida tão profundamente que leva a um novo sentido da presença de Deus. Isso é poderosamente expresso no Salmo 22,1-5:

> Meu Deus, meu Deus, por que me abandonastes? E permaneceis longe de minhas súplicas e de meus gemidos?
>
> Meu Deus, clamo de dia e não me respondeis; imploro de noite e não me atendeis.
>
> Entretanto, vós habitais em vosso santuário, vós que sois a glória de Israel.
>
> Nossos pais puseram sua confiança em vós, esperaram em vós e os livrastes.
>
> A vós clamaram e foram salvos;
>
> confiaram em vós e não foram confundidos.

Essa prece de abandono não é apenas a expressão da experiência do povo de Israel, mas também o pilar da experiência cristã. Quando Jesus ecoou essas palavras na Cruz, a solidão total e a aceitação plena tocaram-se. Naquele momento de completo vazio, tudo estava preenchido. Naquela hora de escuridão, uma nova luz foi vista. Embora a morte fosse testemunhada, a vida era afirmada. Onde a ausência de Deus era mais fortemente expressa, a presença de Deus era mais profundamente revelada.

O mistério da presença de Deus, assim, pode ser tocado apenas por uma profunda consciência da ausência de Deus. É em nossa necessidade do Deus ausente que descobrimos as pegadas do Divino. É na percepção da presença de Deus que sabemos termos sido tocados por mãos amorosas. É *neste* mistério de divina escuridão e divina luz – ausência de Deus e presença de Deus – que entramos ao rezar.

Quando entramos no centro do nosso coração, ou o que os místicos chamam de "nuvem do desconhecido", conhecemos Deus de forma mais profunda como nosso criador, redentor e sustentáculo, como o Deus que é a fonte, o centro e o objetivo da nossa existência, como o Deus que deseja nos dar amor incondicional, ilimitado e irrestrito, e como o Deus que deseja ser amado por nós com todo o nosso coração, nossa alma e toda a nossa mente.

Na nuvem do desconhecido, a distinção entre a presença e a ausência de Deus se dissolve. É o lugar do grande encontro, de onde todos os outros encontros derivam o seu sentido. É o lugar onde os vários lampejos de Deus – Deus conosco, Deus como Pai e Mãe, Deus ausente, mas presente – tornam-se um. Na solidão do coração, nas profundezas da alma, na nuvem do desconhecido, encontramos Deus.

Deus está nos buscando

Uma quarta verdade sobre o Deus a quem rezamos é que Deus está nos buscando. Nós não achamos Deus, mas Deus nos acha.

Deus é o bom pastor que procura a ovelha desgarrada. Deus é a mulher que acende um candeeiro, varre a casa e busca por toda parte a moeda que perdeu até encontrar. Deus não é o patriarca que fica em casa, não se mexe e espera que os seus filhos venham até ele, peçam perdão pelo seu comportamento pecaminoso, implorem perdão e prometam melhorar. Deus é o pai que cuida e cria os seus filhos, corre para encontrá-los, abraça-os, pleiteia com eles, implora e apressa-os a voltar para casa. Pode parecer estranho, mas Deus quer nos encontrar tanto quanto, se não mais, queremos encontrar Deus.

Na maior parte da minha vida lutei para encontrar Deus, reconhecer Deus, amar Deus. Tentei arduamente seguir as orientações da vida espiritual – sempre rezar, servir aos outros, ler a Bíblia – e evitar as várias tentações para me dissipar. Fracassei muitas vezes, mas sempre tentei de novo, mesmo quando estava às portas do desespero.

Agora me pergunto se percebi satisfatoriamente que, durante todo esse tempo, Deus esteve tentando me encontrar, me reconhecer e me amar. A pergunta não é "Como devo encontrar Deus?", mas "Como devo deixar Deus me encontrar?" A pergunta não é "Como devo reconhecer Deus?", mas "Como devo me deixar ser reconhecido por Deus?" A pergunta não é "Como devo amar Deus?", mas "Como devo me deixar ser amado por Deus?" E, finalmente, a pergunta não é "Quem é Deus para mim?", mas "Quem sou eu para Deus?"

A boa notícia é que Deus está me procurando pelo horizonte, tentando me encontrar e querendo me trazer para casa. Da mesma forma, Deus está buscando você.

Aprofundando-se: exercícios para direção espiritual

Como você responderia às eternas perguntas do Coração: *Quem é Deus? Como é Deus? Quem é Deus para mim?* Discuta isso com o seu diretor espiritual ou grupo de orações.

Reflita sobre o Salmo 46 e discuta em um pequeno grupo as quatro "verdades parciais" sobre a natureza e o desejo de Deus. Deus está conosco, Deus é pessoal, Deus está oculto como luz além da escuridão e como presença na ausência, e Deus está nos buscando onde estamos. Que verdade mais se relaciona à sua experiência espiritual? Discuta isso com o seu diretor espiritual ou grupo de orações.

***

Quero desafiar você a desenvolver uma disciplina de oração e meditação contemplativa – uma forma de "parar e reconhecer" em seu coração que Deus está buscando você. Imagine o Profeta Elias no Monte Horeb. Ele não experimentou a presença de Deus no poderoso vento, nem no forte terremoto, nem no fogo devorador.

Ele ouviu Deus falar em um sussurro, em uma voz branda, pequena, gentil (cf. 1Rs 19,9-13). Imagine a comunidade reunida, entoando o Salmo 46. Deus os salvou da tempestade de montanhas ferozes, rochas que caíam e águas turbadas. Deus era o seu refúgio e força, uma ajuda sempre presente na tribulação. Assim, eles não temeram. Ao contrário, louvaram e permaneceram parados. Ouviram o sussurro de Deus. A prática da oração e meditação contemplativa nos torna mais sensíveis ao sussurro de Deus.

Nesse espírito, como exercício, ofereço a você uma meditação simples sobre o Salmo 46,10[28]. Leia-a solitariamente ou escute alguém lê-la devagar e entremeada pelo silêncio em um pequeno círculo de amigos. Depois, discuta a sua experiência de meditação com o seu diretor espiritual ou amigo da alma.

Meditação dirigida sobre o Salmo 46,10

Pare e reconheça que sou Deus.

Pare: Aquiete-se... Fique em silêncio... Fique tranquilo.

Esteja presente... Esteja agora... Esteja aqui...

A primeira tarefa do discípulo é estar com o Senhor... Sentar aos seus pés, ouvir e prestar atenção a tudo o que Ele diz, faz e pergunta.

O Nosso Senhor é tudo de que precisamos e queremos... Nossa fortaleza, nosso refúgio, nosso pastor, nossa sabedoria. Deus cuida de nós, nos alimenta... nos dá a vida...

---

[28] *Be still and know* foi apresentado por Henri como parte de uma série de meditações de Advento na Yale Divinity School, em 07/11/1979.

Pare... É difícil... Significa deixar Deus falar conosco... respirar em nós... agir em nós... rezar conosco... Deixe Deus entrar nas partes mais ocultas do seu ser... deixe Deus nos tocar até mesmo onde possa machucar e nos causar dor...

Parar é acreditar... entregar-se... deixar ir embora... ter fé.

Pare... Deus é e Deus age... não de vez em quando... não em ocasiões especiais... mas o tempo todo... Pare e ouça aquele que fala com você sempre, sinta os atos daquele que age sempre... e experimente a presença daquele que está presente sempre.

Reconheça: Venha a reconhecer... conhecimento real... conhecimento íntimo pleno.

Uma forma de diagnóstico... um reconhecer contínuo. Um reconhecer com o coração, um reconhecer pelo coração... Pare e reconheça. Venha até o reconhecimento imóvel. Há um reconhecimento muito inquieto, confuso, dispersivo, fragmentador... mas reconhecer Deus... é um reconhecer do coração... da pessoa inteira. É um reconhecer que também é ver, ouvir, tocar, cheirar.

Pare e reconheça que sou Deus.

Este reconhecer não pretende ser temeroso... mas plácido. Deus não é um Deus dos mortos, mas um Deus dos vivos, Deus não é um Deus vingativo, mas um Deus de amor. Reconheça que sou Deus... o seu Deus. O Deus que só é amor... o Deus que toca você com o seu amor ilimitado e incondicional.

Pare e reconheça que eu o amo... que eu o seguro na palma da minha mão... que contei os fios do seu cabelo... que você á a menina dos meus olhos... que o seu nome está escrito em meu coração... "Não tenha medo... sou eu".

Não há nada em nós que precise ser escondido do amor de Deus. Nossa culpa... nossa vergonha... nosso medo... nossos pecados... Ele quer ver, tocar, curar... e se fazer conhecer. Não há outro Deus além do Deus de amor.

Pare e reconheça que sou Deus. Deus não está na tempestade, no terremoto, no fogo, mas na voz branda e breve, na brisa suave e no absoluto silêncio...

Pare e reconheça que sou Deus. Leve essas palavras com você durante a próxima semana... deixe-as ser como uma sementinha plantada no solo fértil do seu coração e deixe-a crescer...

Pare e reconheça que sou Deus.

Oração de encerramento

Ó Senhor, agora sei que é no silêncio, em um momento de quietude, em um canto esquecido do meu coração que você me encontrará, me chamará pelo nome e falará uma palavra de paz. Deixe-me permanecer parado e reconhecê-lo pelo nome.

Reflexão e diário

Como você imagina Deus? Com o que Deus parece quando você fecha os olhos?

Quando você sentiu a ausência de Deus? Qual é o impacto desse aspecto desagradável ou estranho sobre a sua fé?

Quando você sentiu a presença pessoal de Deus? Como essa experiência fortaleceu a sua fé?

7
Como ouço a Palavra?

Eis aqui três ditos dos Pais do Deserto sobre ouvir a palavra de Deus. Juntos, revelam os significados variáveis de *palavra*.

Palavra e sabedoria

Em Scetis, um irmão foi visitar Aba Moses e lhe suplicou uma palavra. E o velho disse: "Vá e sente em sua cela, e a sua cela ensinará tudo a você".

Um irmão perguntou a Aba Hieracus: "Diga uma palavra. Como posso ser salvo?" O velho respondeu: "Sente em sua cela; se sentir fome, coma; se sentir sede, beba; não fale mal de ninguém e, então, será salvo".

Aba Hyperichius, do silêncio da sua cela, disse: "Aquele que ensina pelos atos, não pelas palavras, é verdadeiramente sábio"[29].

Durante os séculos IV e V, entre os Pais e Mães do Deserto, no deserto egípcio, não era incomum que um noviço encontrasse um monge mais velho e perguntasse: "Aba, diga-me uma palavra?" Frequentemente, o Aba ajudaria o buscador a ouvir a *palavra* de Deus.

---

[29] Yushi Nomura. *Desert wisdom* (Doubleday, 1982), p. 14, 38-39.

Esses cristãos do deserto que buscavam encontrar Deus na palavra queriam dizer três coisas com *palavra*. Primeiro, queriam dizer *Palavra Viva (Logos)*, que é Jesus. Segundo, queriam dizer *a palavra escrita*, que é a Escritura Sagrada. E, terceiro, queriam dizer a *palavra dita (rema)*, que flui a partir de um profeta, originada do silêncio e da humildade do coração e que fala à condição atual de alguém. A Palavra Viva, a palavra escrita e a palavra falada são três modos pelos quais Deus fala conosco. E a essas três, quero acrescentar uma quarta: *escrever a palavra*, pensativamente e com disposição para rezar, de forma a encorajar a sua própria participação em ouvir e reconhecer a palavra na sua própria vida.

Ouvindo a Palavra Viva de Deus

Ouvir a eterna e criativa Palavra Viva, tanto oculta quanto revelada na vida e nos ensinamentos de Jesus, é a primeira forma pela qual encontramos Jesus. O Evangelho de João começa assim:

> No princípio era o Verbo, e o Verbo estava junto de Deus e o Verbo era Deus. Ele estava no princípio junto de Deus. Tudo foi feito por ele, e sem ele nada foi feito. Nele havia a vida, e a vida era a luz dos homens. A luz resplandece nas trevas, e as trevas não a compreenderam (Jo 1,1-5).

Essa passagem de João destaca uma verdade central sobre Jesus: de alguma forma, ele existia antes da criação, inspira os seres humanos e transcende o tempo e toda a criação. Esse tipo de palavra não se restringe a uma página, ela cria e age. João usa a palavra grega *logos* para captar esse sentido.

As minhas próprias palavras às vezes perdem o seu poder criativo. A palavra criativa de Deus contrasta com as muitas palavras que definem a nossa existência. A Palavra Viva nasce do eterno silêncio de Deus e é sobre essa palavra criativa que nasce do silêncio que queremos dar testemunho.

Antes do Verbo encarnar-se em seu ventre, Maria testemunhou a palavra de Deus. Em virtude do seu ouvir obediente, o Verbo fez-se carne nela. Ouvir é uma postura muito vulnerável. Maria era tão vulnerável, tão aberta e receptiva que era capaz de ouvir com todo o seu ser. Nada nela resistiu ao Verbo que a ela foi anunciado pelo anjo. Ela era "toda ouvidos" e Coração. Assim, a promessa poderia se cumprir nela muito além da sua própria compreensão e controle. "Então disse Maria: 'Eis aqui a serva do Senhor. Faça-se em mim segundo a tua palavra'" (Lc 1,38).

Ouvir é a principal atitude da pessoa que está aberta à vida e à palavra criativa de Deus. A oração é ouvir Deus, estar aberto e receptivo à influência de Deus. O verdadeiro ouvir tornou-se cada vez mais difícil nas igrejas e instituições, onde as pessoas permanecem armadas, com medo de expor seu lado mais frágil, ansiosas por serem reconhecidas como bem-sucedidas e brilhantes. Em nossa sociedade competitiva contemporânea, ouvir costuma ser uma forma de "examinar o outro". É uma postura de defesa na qual realmente não permitimos que nada novo aconteça conosco. É uma forma suspeita de receber que nos faz questionar o que serve aos nossos fins e o que não serve. O salmista aconselha o combate a esse endurecimento do Coração:

> Ele é nosso Deus; nós somos o povo de que Ele é o pastor, as ovelhas que as suas mãos conduzem. Oxalá ouvísseis

hoje a sua voz: Não vos torneis endurecidos como em Meribá, como no dia de Massá no deserto, onde vossos pais me provocaram e me tentaram, apesar de terem visto as minhas obras (Sl 95,7-9).

A palavra de Deus aqui é ouvir a voz do amor e não endurecer o seu Coração.

Esse tipo de ouvir nos pede que modelemos nossa vida em Jesus e nos comprometamos a seguir a maneira de viver que Jesus descreveu. Esse ouvir pressupõe uma vida de oração pessoal e a crença na atividade de Jesus no mundo de hoje como a Palavra Viva de Deus.

Ouvir a palavra encarnada da vida é o coração da fé cristã. Em Maria, vemos a forma mais pura desse ouvir. É por isso que ela é chamada de "bendita" por sua prima Isabel. É por meio da sua obediência ao Verbo que se tornou carne nela que ela se torna não apenas a mãe de Deus, mas também a mãe de todos os que creem. Nós que desejamos crer somos chamados para esse mesmo tipo de obediência. Ao ouvirmos a palavra fielmente, ela se torna carne em nós e vive entre nós.

Jesus, o Verbo Divino, está oculto na humanidade: nele, Deus tornou-se humano em meio a um povo fraco e oprimido, sob circunstâncias muito difíceis. Não havia nada de espetacular sobre a sua vida. Até mesmo quando observamos os milagres de Jesus, constatamos que Ele não curava nem revivia as pessoas para aparecer. Ele costumava até mesmo proibi-las de falar sobre isso. Foi odiado pelos governantes do país e submetido a uma morte vergonhosa entre dois criminosos. A sua ressurreição foi um evento oculto. Apenas os seus discípulos e algumas das mulheres e homens que o haviam conhecido intimamente antes da sua morte o viram como o

Senhor ressuscitado. A sua vida, morte e ressurreição não pretendiam nos surpreender com o grande poder de Deus. Deus tornou-se um Deus humilde, escondido, quase invisível em forma corporal. E esse é o verdadeiro poder do Verbo.

Talvez você considere que a palavra de Deus seja uma exortação divina que vai surgir e mudar a sua vida. Mas o poder pleno da palavra não está na forma como você a aplica à sua vida após ouvi-la, mas como o seu poder transformador faz a sua obra divina em você enquanto ouve.

Lendo a Palavra

Uma segunda maneira de encontrar Deus é ouvindo a palavra viva *na* palavra escrita de Deus. Ler, meditar e ouvir a palavra de Deus *nas* palavras da Bíblia abrem o nosso coração à presença de Deus. Ouvimos uma frase, uma história ou uma parábola não simplesmente para sermos instruídos, informados nem inspirados, mas para sermos formados como pessoas de fé realmente obedientes. Ao ouvir assim, somos guiados pela Bíblia. Os evangelhos estão cheios de exemplos da revelação de Deus na palavra. Pessoalmente, sempre sou tocado pela história de Jesus na sinagoga de Nazaré. Ali Ele lia Isaías, conforme está registrado em Lucas 4,18-19.

> O Espírito do Senhor está sobre mim, porque me ungiu; e enviou-me para anunciar a Boa-Nova aos aflitos, para sarar os contritos de Coração, para anunciar aos cativos a redenção, aos cegos a restauração da vista, para pôr em liberdade os oprimidos, para publicar o ano da graça do Senhor.

Depois de ler essas palavras, Jesus disse: "Hoje se cumpriu este oráculo que vós acabais de ouvir". Contemplando esse texto, repentinamente vemos que os aflitos, os cativos, os cegos e os oprimidos não são pessoas fora da sinagoga que, algum dia, serão libertadas. São as pessoas – pobres e carentes – que estão ouvindo Jesus aqui e agora. Você e eu somos cativos necessitados de libertação, cegos espiritualmente e queremos ver. Você e eu somos os que se sentem oprimidos e esperam que Jesus os liberte.

Pegar a Escritura e lê-la contemplativamente chama-se *lectio divina* ou leitura espiritual. O termo *lectio divina* vem da tradição beneditina e se refere principalmente à leitura divina ou sagrada da Bíblia. *Lectio divina* é a antiga prática monástica de ler a Escritura meditativamente – não para dominar a palavra, não para criticar a palavra, mas para ser dominado e desafiado pela palavra. Significa ler a Bíblia "de joelhos", isto é, com reverência, atenção e profunda convicção de que Deus tem uma palavra única para você, na sua própria situação. Em suma, *leitura espiritual é uma leitura na qual permitimos que a palavra nos leia e nos interprete*. A leitura espiritual é a disciplina de meditação sobre a palavra de Deus. Meditar significa "deixar a palavra descer da nossa mente ao nosso Coração". A meditação significa mastigar a palavra e incorporá-la à nossa vida. É a disciplina pela qual deixamos a palavra escrita de Deus tornar-se uma palavra pessoal para nós, ancorada no centro do nosso ser.

A leitura espiritual é o alimento da nossa alma. Recebemos a palavra em nosso silêncio, onde podemos ruminá-la, refletir sobre ela, digeri-la e deixá-la tornar-se carne em nós. Assim, *lectio divina* é a encarnação contínua de Deus em nosso mundo.

A leitura espiritual é o sacramento da palavra, uma participação na presença real de Deus.

Por meio da prática espiritual regular, desenvolvemos um ouvido interno que nos permite reconhecer a Palavra Viva na palavra escrita, falando diretamente às nossas carências e aspirações mais íntimas. Na leitura espiritual da Escritura, focalizamos Deus e as palavras de Deus. Buscamos uma palavra e depois concentramo-nos nessa palavra em oração. E é ao ouvir palavras particulares na Escritura que Deus repentinamente se torna presente para curar e salvar.

Ler costuma significar juntar informações, adquirir novos *insights* e conhecimento, e dominar uma nova área. Pode nos levar a títulos, diplomas e certificados. A leitura espiritual, porém, é diferente. Significa não apenas ler sobre coisas espirituais, mas também ler sobre coisas espirituais de forma espiritual. Isso requer uma disposição não somente para ler, mas para ser lido, não apenas para dominar, mas ser dominado pelas palavras. Enquanto lermos a Bíblia ou um livro espiritual simplesmente para adquirir conhecimento, nossa leitura não nos ajuda em nossa vida espiritual. Podemos nos tornar grandes conhecedores de questões espirituais sem nos tornar pessoas verdadeiramente espirituais.

Ler a palavra de Deus deve nos levar, em primeiro lugar, à contemplação e à meditação. Conforme lemos espiritualmente sobre coisas espirituais, abrimos nossos corações à voz de Deus. Às vezes devemos estar dispostos a colocar de lado o livro que estamos lendo e apenas ouvir o que Deus está dizendo a nós por meio das suas palavras.

A leitura espiritual está longe de ser fácil em nosso mundo moderno e intelectual, onde tendemos a sujeitar qualquer coisa e tudo o que lemos à análise e discussão. Em vez de separar as palavras, devemos uni-las em nosso ser mais profundo; em vez de indagar se concordamos ou discordamos do que lemos, devemos indagar que palavras são ditas diretamente a nós e nos conectar diretamente com a nossa história mais pessoal. Em vez de pensar sobre as palavras como questões potenciais para um diálogo ou trabalho interessante, devemos estar dispostos a deixá-las penetrar nos recantos mais ocultos do nosso coração, até mesmo naqueles lugares onde nenhuma outra palavra já tenha entrado. Depois, e só depois, a palavra poderá frutificar, como uma semente plantada em solo fértil.

Isso ajuda a perceber que a Bíblia não é primeiramente um livro de informações sobre Deus, mas sobre a formação do Coração. Não é meramente um livro para ser analisado, escrutinado e discutido, mas um livro para nutrir, unificar e servir como fonte constante de contemplação. Devemos lutar constantemente contra a tentação de ler a Bíblia instrumentalmente como um livro cheio de boas histórias e ilustrações que podem nos ajudar a nos expressar em sermões, palestras, trabalhos e artigos. A Bíblia não fala conosco enquanto quisermos usá-la. Enquanto tratarmos a palavra de Deus como um item com o qual possamos fazer muitas coisas úteis, não leremos realmente a Bíblia nem a deixaremos nos ler. Apenas quando estivermos dispostos a ouvir a palavra escrita como uma palavra para nós, a Palavra Viva poderá se revelar e penetrar no centro do nosso coração.

Lectio divina, então, envolve a confiança de que, nas palavras que lemos, sempre existe a palavra de Deus a encontrar. É um esperar atento pelas palavras que se conectam profundamente com a palavra, e um discernimento cuidadoso do lugar aonde a palavra está nos levando. É uma forma de ouvir sobre a qual ficamos pensando em que palavras são escritas para nós como alimento para a nossa própria jornada espiritual. Sobretudo, é uma forma de ler a palavra que é recebida com todo o nosso ser, nossa condição presente, nossas experiências antigas e nossas aspirações futuras. Quando expomos tudo o que somos perante a palavra escrita, a Palavra Viva pode ser revelada aqui e agora em nossa leitura. Ao ler a Bíblia dessa maneira, a Palavra Viva descoberta no encontro entre a história de Deus e a nossa história individual torna-se escrita em nosso coração, onde nos inspira espiritualmente.

À medida que deixamos as palavras escritas entrarem lentamente em nossa mente e descer ao nosso coração, tornamo-nos pessoas diferentes. A palavra gradualmente se encarna em nós e transforma todo o nosso ser. Na e por meio da leitura da palavra de Deus e da reflexão sobre ela, Deus se torna carne em nós e nos torna cristãos vivos hoje.

Proferindo a Palavra a partir do silêncio

Uma terceira maneira de encontrar Deus na palavra é por meio da *palavra falada* (*rema*), originada do silêncio, oferecida ou recebida, como a fruta madura da solidão.

O Profeta Elias, no silêncio da caverna no Monte Horeb, ouviu a "voz branda e suave" de Deus (1Rs 19,13). Jesus alertou seus ouvintes para ter cuidado com as palavras que falam, "pois é por tuas palavras que serás justificado ou condenado" (Mt 12,36-37). Paulo se refere à palavra falada de Deus como a "espada do Espírito" (Ef 6,17). No Evangelho de Marcos (1,32-37), lemos:

> De manhã, tendo-se levantado muito antes do amanhecer, Jesus saiu e foi para um lugar deserto, e ali se pôs em oração. Simão e os seus companheiros saíram a procurá-lo. Encontraram-no e disseram-lhe: "Todos te procuram".
>
> Jesus respondeu-lhes: "Vamos às aldeias vizinhas, para que eu pregue também lá, pois para isso é que vim".

Há pouca dúvida de que a vida de Jesus era muito ocupada. Estava ocupado ensinando aos discípulos, pregando às multidões, curando os enfermos, exorcizando demônios, respondendo às perguntas de inimigos e amigos, e deslocando-se de um lugar a outro. Jesus estava tão envolvido nas atividades que se tornou difícil ter um tempo sozinho. Ainda assim, ele dava um jeito de deixar a multidão, afastar-se das necessidades prementes e abraçar a solidão e o silêncio. Sozinho com Deus em oração, ele conseguia ouvir a palavra falada diretamente do Coração de Deus. A oração solitária era a fonte da sua força, o poço da sua sabedoria e o ventre das suas palavras. Tendo estado na presença de Deus, Jesus era capaz de discernir a vontade de Deus no momento. Depois do tempo reservado para a solidão e o silêncio, para a oração e o escutar, ele sabia aonde ir, o que dizer e o que fazer no resto do dia. "Ele retirou-se dali, pregando em todas as sinagogas e por toda a Galileia, e expulsando os demônios" (Mc 1,38-39).

Considere o padrão e a disciplina diários de Jesus. "De manhã, tendo-se levantado muito antes do amanhecer, Jesus saiu e foi para um lugar deserto, e ali se pôs em oração". Quando é que nos levantamos, e aonde vamos para estar sós com Deus e rezar? Como sabemos o que fazer e dizer em determinado dia? Aonde vamos para buscar força diária, adquirir sabedoria divina e ouvir uma palavra de Deus?

No Evangelho de Lucas lemos sobre como Jesus sobe a montanha – com Pedro, Tiago e João – para rezar. Ali eles veem a face de Jesus mudar enquanto reza. Suas vestes se tornam tão brilhantes quanto o sol e uma nuvem os encobre com a sua sombra. Eles têm medo do que veem, mas ouvem uma voz que diz: "Este é o meu Filho muito amado; ouvi-o!" (Lc 9,28-36).

Quando Pedro, Tiago e João veem Jesus iluminado sobre a montanha, desejam que aquele momento de visão clara dure para sempre. Eles ouvem uma voz que os lembra sobre quem é Jesus e são ordenados a ouvi-lo. A sua experiência ou visão é de plenitude de tempo (*kairos*) e um momento de graça.

Quando ouvimos a palavra, há momentos em que experimentamos unidade completa dentro de nós e ao nosso redor. Nesses momentos de renovação, temos certeza da nossa identidade e vocação. Nessas experiências, estamos abertos ao máximo para ouvir a branda e suave voz de Deus proferir uma palavra pessoal de esperança e bênção para nós em nosso ouvir elevado.

Aqui vislumbramos o grande mistério do qual participamos por meio do silêncio e da palavra, o mistério da própria fala de Deus. Esses momentos nos são dados de forma que possamos lembrar da palavra quando Deus parece distante e tudo parece vazio e inútil. É nos vales que precisamos lembrar do topo da montanha. É durante os períodos de estiagem, quando estamos sós ou temerosos, que mais precisamos ouvir a palavra.

Depois de estarmos quietos e termos ouvido, pode chegar a hora de falar. O silêncio nos ensina quando e como falar uma palavra de verdade ou sabedoria ao outro. Uma palavra poderosa é uma palavra que emerge do silêncio, frutifica e volta ao silêncio. É uma palavra que lembra a nós e aos outros do silêncio de onde vem e nos leva de volta ao silêncio eterno. A palavra que não tem raiz no silêncio é fraca e sem poder, ecoando como "o bronze que soa, ou como o címbalo que retine" (1Cor 13,1).

Falar a palavra de Deus de um lugar silencioso é participar da própria palavra falada de Deus. É falar o que se ouve da eternidade para o tempo. É um falar que emerge do amor silencioso e cria, então, vida nova. Quando as nossas palavras não mais se conectam nem se nutrem do silêncio de onde vêm, perdem a sua autoridade e degeneram em "meras palavras" que não podem frutificar. Mas quando as nossas palavras contêm o silêncio eterno de Deus, então realmente podem ser vitalizadoras.

Deixe-me dar um exemplo. Se você disser com rapidez a uma pessoa que sofre: "Deus ama você como a menina dos seus olhos; Deus está sempre com você até mesmo quando mais se sente só", tais palavras podem ser nada mais que frases piedosas, que mais prejudicam do que ajudam. Mas quando essas mesmas palavras são proferidas de um Coração que ouve há muito tempo a voz de Deus e foi gradualmente moldado por ela, então realmente poderão dar vida nova e cura. Assim, as palavras são *sacramentais* – contêm a realidade para onde apontam.

Às vezes precisamos ouvir uma palavra vitalizadora dita por outro e voltada à nossa condição atual. Deus às vezes envia um profeta para falar uma palavra pessoal para nós quando precisamos. Frequentemente, por exemplo, os paroquianos dizem aos seus pastores: "Senti que você falava a palavra de Deus diretamente a mim hoje no seu sermão". Às vezes, a palavra necessária vem direto ao nosso Coração, diretamente de Deus. Com mais frequência, é nas palavras de amor dos outros que ouvimos a palavra de Deus para nós.

Houve muitas ocasiões em minha vida durante as quais me senti isolado e apartado de Deus e dos meus irmãos. Foi nesses momentos que eu ouvi Deus falar comigo por intermédio de alguém que disse uma palavra com grande humildade e amor. Ao recebê-la, um espaço seguro se abriu em mim, onde pude encontrar meu Deus e meus irmãos e irmãs de um jeito novo. Sempre que isso acontecia, eu sentia um desejo profundo de deixar essa palavra crescer mais profundamente, morando no seu silêncio.

O silêncio é a estrada nobre para a formação espiritual. Sem o silêncio, a palavra escrita nunca poderá frutificar. Ademais, somente pelo silêncio a palavra pode descer da cabeça ao Coração. Enquanto o nosso Coração e a nossa cabeça estiverem cheios de palavras criadas por nós, não haverá espaço para a palavra entrar profundamente em nosso Coração e se enraizar.

Todas as palavras faladas precisam nascer do silêncio e voltar a ele constantemente. O silêncio fortalece e fertiliza a palavra. Provindo do silêncio, a palavra interior pode ser falada. Nossas palavras faladas visam revelar o mistério do silêncio do qual provêm. Quando as palavras cumprem a sua função, o silêncio permanece. O filósofo taoísta Chuang Tzu expressa isso muito bem:

> O objetivo de uma rede é pegar peixes e, quando os peixes são capturados, a rede é esquecida. O objetivo de uma armadilha é pegar coelhos. Quando os coelhos são capturados, a armadilha é esquecida. O objetivo da palavra é transmitir ideias. Quando as ideias são captadas, as palavras são esquecidas. Onde posso encontrar alguém que tenha esquecido palavras? É com esse que gostaria de falar[30].

Escrevendo a Palavra

Para mim, encontrar Deus na palavra costuma exigir a escrita. A escrita espiritual ocupa um lugar muito importante na formação espiritual. Ainda assim, escrever costuma ser a fonte de grande dor e ansiedade. É visível o quão difícil é sentar-se tranquilamente e confiar em nossa própria criatividade. Parece haver uma resistência arraigada a escrever. Eu mesmo experimentei essa resistência muitas vezes. Até mesmo depois de muitos anos escrevendo, fico realmente temeroso ao encarar a página vazia. Por que tenho tanto medo? Às vezes tenho um leitor imaginário na cabeça que olha por sobre os meus ombros e rejeita todas as palavras que escrevo. Às vezes me sinto sobrepujado pelos inúmeros livros e artigos que já foram escritos e não consigo imaginar que eu tenha algo a dizer que ainda não tenha sido melhor dito por outra pessoa. Às vezes parece que

---

[30] MERTON, Thomas. *The way of Chuang Tzu*. [s.l.]: New Directions, 1965, p. 154 (*A via de Chuang Tzu*. Vozes, 2002), usado por Henri em "Unceasing Prayer", *America* (julho de 1978).

nenhuma frase consegue expressar o que eu realmente desejo e que as palavras escritas simplesmente não podem comportar o que passa pela minha cabeça e pelo meu Coração. Esses temores às vezes me paralisam, me atrasam ou até me fazem abandonar meus planos de escrever.

Ainda assim, todas as vezes em que supero esses temores e confio não apenas em minha forma singular de estar no mundo, mas também em minha habilidade de atribuir palavras a ele, vivencio uma profunda satisfação espiritual. Tenho tentado entender a natureza dessa satisfação. O que estou descobrindo gradualmente é que, pela escrita, entro em contato com o Espírito de Deus dentro de mim e vivencio a forma pela qual sou levado a novos lugares.

Muitos pensam que escrever significa redigir ideias, *insights* ou visões. Acham que primeiro devem ter algo a dizer antes de colocar no papel. Para eles, escrever é um pouco mais que registrar pensamentos preexistentes. Mas com tal abordagem, o verdadeiro escrever é impossível. Escrever é um processo no qual descobrimos o que vive em nós. Escrever por si só nos revela o que está vivo em nós. A mais profunda satisfação de escrever é precisamente o fato de abrir novos espaços dentro de nós dos quais não tínhamos consciência antes de começar a escrever. Escrever é embarcar em uma jornada cujo destino final desconhecemos. Assim, escrever exige um grande ato de confiança. Temos de dizer a nós mesmos: "Ainda não sei o que levo em meu coração, mas acredito que emergirá à medida que escrever". Escrever é como dar os poucos pães e peixes que temos, acreditando que vão se multiplicar na doação. Quando ousamos "dar" ao papel os poucos pensamentos que surgem em nós, começamos a descobrir quanta coisa está escondida sob esses pensamentos e, assim, gradualmente entramos em contato com nossas próprias riquezas e recursos.

A formação espiritual exige uma tentativa constante de identificar maneiras pelas quais Deus está presente entre nós. Escrever regularmente é uma forma importante de fazer isso. Lembro como, durante uma longa estada na América Latina, escrever diariamente me ajudou a discernir como o Espírito de Deus estava operando em todas as minhas experiências. Sob a multidão aparentemente fragmentada de estímulos visuais e mentais, consegui descobrir uma "completude oculta". Escrever possibilitou isso. Colocou-me em contato com a unidade subjacente à diversidade e com a corrente sólida sob as ondas incansáveis. Escrever tornou-se a maneira de estar em contato com a fidelidade de Deus em meio a uma existência caótica.

Nessas circunstâncias, vim a perceber que escrever de fato era uma forma de oração. Também criou uma comunidade, já que a palavra escrita me ajudou a criar um espaço onde gente diferente, que achava difícil identificar qualquer coisa duradoura nas suas impressões passageiras, poderia se reunir e acreditar nas próprias experiências. Essas palavras tornaram-se uma proclamação da presença fiel de Deus até mesmo ali, onde menos se esperava.

Finalmente, deixe-me dividir com você um exemplo de como a escrita espiritual – uma simples carta – revelou uma palavra de esperança a alguém necessitado:

Havia um soldado holandês que foi capturado e feito prisioneiro de guerra. Os inimigos o levaram para longe da sua terra e ele ficou completamente isolado da sua família e amigos. Ele não tinha nenhuma notícia de casa e sentia muito medo e solidão. Não sabia se alguém de sua casa estava vivo ou a situação do seu país. Tinha milhares de perguntas, mas não poderia responder a nenhuma. Sentia não ter nada mais para viver e estava desesperado.

Então, recebeu uma carta inesperada, amassada e suja por ter viajado tanto e vindo de tão longe até chegar a ele. Era apenas um pedaço de papel, mas precioso por causa das palavras que poderia conter. Ele abriu a carta e leu estas simples palavras: "Estamos todos esperando por você aqui em casa. Está tudo bem. Não se preocupe. Veremos você de volta em casa e todos desejamos vê-lo".

Essa simples carta mudou a sua vida. Repentinamente sentiu-se melhor e não mais se desesperou. Existia um motivo para viver. As circunstâncias externas da sua vida, sua prisão e isolamento não mudaram. Continuou a trabalhar, enfrentava as mesmas dificuldades, mas se sentia completamente diferente por dentro. Alguém o esperava e desejava vê-lo. Ainda tinha um lar. Naquele dia, a esperança renasceu nele. Simples palavras escritas naquela pequena carta salvaram uma vida, porque havia uma palavra de Deus nas palavras de outra pessoa.

O que estou tentando dizer é que Deus nos escreveu uma carta de amor na Escritura, a palavra escrita. Esta aponta para a Palavra

Viva, que é Deus encarnado na pessoa de Jesus. Tanto na Palavra Viva quanto na palavra escrita, Deus continua a falar – pessoalmente e com uma voz plácida. Proferimos a palavra de Deus uns aos outros a partir do silêncio de ouvir Deus. E escrever a palavra também revela a palavra de Deus a nós e aos outros. Assim, a relação pessoal com a *Palavra Viva*, a leitura contemplativa da *palavra escrita*, a meditação silenciosa antes de uma *palavra proferida* ser oferecida ou recebida, e o ato espiritual de *escrever uma palavra* em uma carta ou diário de orações são quatro maneiras pelas quais ouvimos a palavra de Deus. Ou, em outras palavras, encontramos Deus na palavra por meio das disciplinas do ouvir obediente, da leitura sagrada, da fala humilde e da escrita espiritual.

Aprofundando-se: exercícios para direção espiritual
Encontrando Deus na Palavra

Ouvir, ler, falar e escrever de maneiras que sejam fiéis à palavra de Deus são disciplinas espirituais difíceis. Seguem quatro regras simples para encontrar Deus na Palavra:

• Ouça em seu coração a *Palavra Viva*, que é Jesus, por meio da oração contemplativa.

• Leia a *palavra escrita* de forma abrangente por meio da prática da *lectio divina*.

• Deixe o seu proferimento de uma palavra nascer de um silêncio suave e da humildade do coração.

• Depois do momento de oração e meditação, escreva uma carta de amor ou uma reflexão espiritual sobre o que Deus possa estar dizendo. Compartilhe-a com o seu diretor espiritual ou grupo de orações.

Com Cristo em nosso Coração, a Bíblia em nossas mãos e algum tempo para a solidão e o silêncio em nossa vida, podemos encontrar Deus na palavra. A Palavra Viva de Deus nos atrai para o silêncio, e o silêncio nos faz atentos à palavra escrita de Deus, mas tanto a palavra quanto o silêncio precisam da orientação de uma palavra falada por meio de um amigo confiável. Posso ser o seu guia por um instante? Quero levar você a um exercício espiritual de oração centrada, *lectio divina* e escrita espiritual para ajudá-lo a encontrar Deus na palavra[31].

Oração de concentração

Primeiro, apresente-se a Deus tal como você é. Sente-se confortavelmente, abra a sua Bíblia em uma leitura selecionada. Tudo o que você tem de trazer à sua relação com Deus é você mesmo. O objetivo não é tentar se sentir especial nem divino, mas se sentir puramente você.

Então, feche os olhos e fique placidamente atento a si mesmo... Tome consciência da sua respiração e comece a relaxar com o seu ritmo natural.

À medida que relaxa, primeiro você tomará consciência dos ruídos, odores... logo a sua quietude será interrompida, primeiro por um gotejar, depois por uma turba de pensamentos, sentimentos, listas de compras, coisas pendentes, preocupações prementes.

---

[31] Tenha sido este exercício de oração centralizadora originalmente escrito por Nouwen ou apropriado de alguém, Nouwen usava-o em aula e o compartilhou em um artigo publicado, "Centering Prayer" (*Centering*, 4(1), 1987).

Deixe que venham. Não são obstáculos a esse momento de quietude, mas seu objetivo.

Resista à concentração em qualquer pensamento ou sentimento particular (isso bloqueará os outros), mas permita que cada um passe. Quando você realmente for fisgado por algum, não lute. Mais uma vez preste atenção à sua respiração, e depois permita que os pensamentos e sentimentos voltem.

Você frequentemente descobrirá que o tumulto subjaz a alguns pensamentos mais profundos, sentimentos mais densos. Ouça... Ouça... Ouça...

Depois de vários minutos, quando estiver pronto, abra os olhos. Agora você está pronto para buscar Deus na palavra escrita.

Lectio divina

Escolha uma passagem da Escritura para ler em voz alta, com vagar, atenção, do início ao fim. Faça pausas para deixar a passagem imergir. Resista a compreensões familiares, até mesmo em uma passagem conhecida. Permita-se ouvir a história como pela primeira vez.

Releia a passagem, parte a parte. Observe a linha da história e as questões suscitadas. Mais uma vez, resista à interpretação familiar. Procure uma ou outra palavra na história. Explore a passagem como uma criança exploraria um cômodo desconhecido, com espírito de curiosidade e abertura.

Leia a passagem pela terceira vez. Que palavra(s) salta(m) a você, chamando a sua atenção? Fique com essa palavra o máximo possível. Medite sobre ela. Mastigue-a. Deus está proferindo uma palavra pessoal a você hoje? Contemple a palavra pessoal para você hoje na palavra escrita. Viva hoje no júbilo de que a Palavra Viva falou com você.

Escrita espiritual

Quando o tempo permitir, abra o seu diário e registre os seus *insights* espirituais.

Comece revisando e refletindo sobre as circunstâncias particulares da sua vida hoje em dia. Quais são os desafios em pauta? Oportunidades importantes que aparecem em sua frente? Precisa tomar decisões?

À medida que refletir, reconsidere a Escritura e as palavras que chamaram a sua atenção por meio da *lectio divina*. Como essas palavras e imagens se conectam à sua vida hoje? Como a história bíblica é parte da sua história? Como as questões bíblicas o conectam com as suas próprias questões?

Como Deus vem a você conforme ouve a palavra? Onde você distingue a mão curativa de Deus tocando em você por meio da palavra? Como a sua tristeza, o seu pesar e suas lamentações estão sendo transformados neste momento exato pela palavra? Você sente o fogo do amor de Deus purificando o seu coração e dando-lhe nova vida?

À medida que os pensamentos chegarem a você, anote-os no papel – talvez uma ou outra palavra no início, depois frases ou orações, conforme as suas reflexões tornarem-se mais desenvolvidas. Tente capturar temas específicos, não gerais.

Você poderá achar que, em resposta a novos *insights*, novas formas de agir em situações familiares se apresentam. Da mesma forma, você poderá se sentir perturbado por partes da Escritura que o deixem confuso, embaraçado, com um sentimento de dissonância. Isso pode se mostrar de valia, de maneiras que não sejam imediatamente claras, como aquelas partes que estão mais obviamente relacionadas. Anote-as também.

Quando chegar o momento de terminar o seu momento de tranquilidade, revigore-se. Quando estiver pronto, encerre com uma oração, talvez o Pai-nosso, dito lentamente, tendo em mente as questões e os *insights* que chegaram até você hoje. Dê graças. Convide a presença de Deus para os movimentos da sua vida neste dia que começa, guardando com você os frutos do seu tempo reservado.

Com qualquer disciplina, como tocar um instrumento ou aprender uma língua, o início é desajeitado. Fique assim. Dê tempo e pratique, e então a artificialidade da disciplina esmaecerá, dando lugar à familiaridade e à fluência.

Oração de encerramento

Ó Senhor Jesus, as suas palavras ao Pai nasceram do seu silêncio. Guie-me para esse silêncio, de forma que as minhas palavras possam ser ditas em seu nome e assim frutifiquem. É tão difícil ficar em silêncio, em silêncio com a minha boca, porém, mais ainda, em silêncio com o meu Coração. Há tantas vozes falando dentro de mim... Se eu simplesmente tivesse de repousar aos seus pés e perceber que pertenço a você e só a você, eu facilmente pararia de discutir com todas as pessoas reais e imaginárias ao meu redor... Sei que no silêncio do meu Coração você falará comigo e me mostrará o seu amor. Dê-me, ó Senhor, esse silêncio. Deixe-me ser paciente e crescer lentamente em direção a esse silêncio onde eu possa estar com você. Amém.

Reflexão e diário

Leia Marcos 1,35-37 lentamente e depois deixe-o ler você por alguns instantes. Escreva no diário sobre a sua experiência de ser lido pela palavra.

Escreva uma carta de amor a si mesmo vinda de Deus. O que você sabe sobre o amor de Deus por você?

Parte III
Volte-se para os outros na comunidade

8
Pertenço a onde?

Um antigo conto hassídico resume a necessidade de sair da solidão e ingressar na comunidade, na vida espiritual, a fim de encontrar o nosso verdadeiro lar no mundo.

Escuridão e aurora

O rabino perguntou aos seus alunos: "Como podemos determinar a hora da aurora, quando a noite acaba e o dia começa?"

Um dos alunos sugeriu: "Quando você consegue distinguir entre um cão e uma ovelha à distância?"

"Não", respondeu o rabino.

"Quando é possível distinguir entre uma figueira e uma videira?", perguntou o segundo aluno.

"Não", o rabino disse.

"Por favor, diga a resposta, então", pediram os alunos.

"É depois", respondeu o sábio mestre, "quando você é capaz de olhar para o rosto de outro ser humano, tendo luz suficiente em você para reconhecer seu irmão ou sua irmã. Até então é noite, e a escuridão ainda está em nós"[32].

---

[32] Embora Henri contasse esta parábola muitas vezes, ela surgiu mais recentemente em *Finding my way home* (2001), p. 87.

A jornada espiritual nos transporta da solidão à comunidade e ao ministério, conforme seguimos Jesus. O movimento é exemplificado na bela história de Jesus e seus discípulos, em Lucas 6,12-19; esta história sobre relacionamento começa em solidão, à noite, vai para a construção da comunidade, pela manhã, e acaba no ministério ativo, à tarde:

> Naqueles dias, Jesus retirou-se a uma montanha para rezar, e passou aí toda a *noite* orando a Deus. Ao *amanhecer*, chamou os seus discípulos e escolheu doze dentre eles que chamou de apóstolos... Descendo com eles, parou numa planície. Aí se achava um grande número de seus discípulos e uma grande multidão de pessoas vindas de toda parte... que tinham vindo para ouvi-lo e ser curadas das suas enfermidades. E os que eram atormentados dos espíritos imundos ficavam livres. Todo o povo procurava tocá-lo, pois saía dele uma força que os curava a todos [grifo nosso].

Jesus passou um tempo na montanha, à noite, em oração solitária. Desceu pela manhã e formou a sua comunidade. Depois, à tarde, com seus apóstolos, saiu e curou os enfermos, e proclamou a Boa-Nova. Fiquei fascinado com a sequência de oração à noite, comunidade pela manhã e ministério à tarde. Observe a ordem – da solidão à comunidade e ao ministério. A noite é para a solidão, a manhã para a comunidade, a tarde para o ministério. *Noite, manhã e tarde* são símbolos para o movimento da solidão à comunidade e ao ministério que Jesus viveu. Estas são as três disciplinas que somos chamados a praticar na longa jornada para casa: (1) solidão ou comunhão com Deus em oração; (2) reconhecimento e reunião em comunidade; e (3) ministério ou compaixão no mundo.

Fundamentados na solidão

Como aprendemos a estar em solidão com Deus? Na pintura de Rembrandt, *A volta do filho pródigo*, o pai envolve o filho que volta e o toca em um abraço amoroso. Com o seu filho protegido em seus braços abertos, a expressão do pai parece me dizer: "Não vou lhe fazer nenhuma pergunta. Aonde quer que tenha ido, o que quer que tenha feito e o que quer que digam sobre você, você é meu filho amado. Eu o protejo com meu abraço. Eu abraço você. Eu acolho você sob minhas asas. Você pode voltar para casa, para mim".

Em solidão e comunhão silenciosa com Deus na oração, tenho de me ajoelhar perante o Pai, assim como o filho pródigo fez na sua volta, encostar o ouvido em seu peito e ouvir, sem interrupção, as batidas do coração de Deus. Similarmente, em solidão e silêncio, sou atraído para a comunhão com Deus na oração. Se reservarmos um tempo para permanecermos parados, seremos levados a um lugar interior, um lugar dentro de nós onde Deus escolheu viver, um lugar onde somos protegidos pelo abraço daquele que é todo amor, que nos chama pelo nome.

Jesus diz: "Aquele que me amar guardará minha palavra, e meu Pai o amará, e iremos até ele e faremos dele nossa casa". Sou a casa de Deus! Sim, Deus mora em meu mais profundo ser, mas como aceito o chamado de Jesus: "Faça de mim a sua casa, assim como eu faço de você a minha casa"? O convite é claro e sem ambiguidade. Fazer a minha casa onde Deus fez a sua casa é um grande desafio espiritual.

A comunhão íntima com Deus não é uma disciplina fácil. Lembre, Jesus passou a noite em oração. A noite é um momento de mistério, escuridão, solitude e às vezes solidão. A noite é um símbolo do fato de que a oração não é algo que você sempre sente. Não é uma voz que você sempre ouve com os seus ouvidos físicos. A oração nem sempre oferece um *insight* que vem à sua mente de repente. É mais comum que a comunhão com Deus seja uma intuição ou convicção interior de que o Coração de Deus é maior do que o seu Coração, a mente de Deus é maior do que a sua mente humana e a luz de Deus é tão maior do que a sua luz que pode cegar você e fazer com que se sinta na noite.

Para praticar a solitude, devemos reservar um tempo regular para nos aquietar física e espiritualmente. Comece com alguns minutos por dia – talvez de manhã cedo, quando o calor e a luz do dia ainda não começaram, ou no fim da tarde, quando começaram a se dissipar. Este é um momento de oração sem palavras ou oração concentrada, por meio da feitura de diários ou de leituras sagradas, seguidas por um espaço aberto para ouvir a voz de Deus ou sentir a presença de Deus ou um chamado para esperar. Na verdade, a aurora ou o poente são os horários ideais para a solitude e a oração que nos fundamentem em Deus e nos preparem para viver com os outros e amá-los. É na comunhão com Deus que começa a comunidade espiritual.

Quando a solitude saúda a solitude

Quando a manhã desponta, a solitude saúda a solitude e a comunidade se forma. É notável que a solitude sempre nos chama à comunidade. Em solitude, você vem a se conhecer como vulnerável e frágil, porém amado por Deus. Em solitude, você percebe que é parte de uma família humana e que deseja estar com os outros. O símbolo da aurora é a consciência de que estamos todos relacionados, conectados e somos interdependentes. Assim como o sábio rabino da parábola ensinou aos seus alunos: "até você ser capaz de olhar para o rosto de outro ser humano, tendo luz suficiente em você para reconhecer seu irmão ou sua irmã... é noite, e a escuridão ainda está em nós".

Sobre formar uma comunidade, não quero dizer criar comunidades formais. A comunidade como um lugar para se pertencer espiritualmente ocorre em famílias, amizades, igrejas, paróquias, programas de autoajuda e grupos de oração. A comunidade não exige organização nem instituição; a comunidade é uma forma de viver e se relacionar: você se junta às pessoas com quem deseja proclamar a verdade de que somos os filhos e as filhas amados(as) de Deus. "Porque onde dois ou três estão reunidos em meu nome", Jesus disse, "aí estou eu no meio deles" (Mt 18,20). Para mim, a comunidade foi mais autêntica em uma comunidade de fé eucarística, e, para mim especificamente, foi na L'Arche Daybreak. Para você, a comunidade pode ser encontrada em sua igreja local ou grupo de orações. Não importa como defina uma comunidade de fé, ela é a sua casa espiritual.

A casa nem sempre é confortável e a comunidade não é fácil. Em todas as comunidades, a cura da aceitação acontece e profundas traições ocorrem. A nossa humanidade, com todo o seu esplendor e sofrimento da dor, emerge. No Evangelho de Lucas, Jesus identifica a sua comunidade de doze discípulos, um a um, inclusive "Judas Iscariotes, aquele que foi o traidor" (Lc 6,16). Traição significa romper a confiança. "Traidor" significa "entregar". Sempre há alguém na comunidade que trai a sua confiança ou entrega você a algo doloroso ou indesejado. Tão logo você tem uma comunidade, aparece um problema. Alguém já disse que "comunidade é o lugar onde a pessoa com quem você menos quer viver sempre vive". Essa pessoa que perturba você ou que é muito carente sempre está em algum lugar da sua comunidade.

Mas não é apenas uma pessoa que trai. Aos olhos dos outros, eu posso ser essa pessoa. Ou você pode ser essa pessoa. Não é que uma pessoa da comunidade seja o problema; mas sim que pessoas diferentes estão entregando outras pessoas ao sofrimento o tempo todo, até sem querer ou saber o que estão fazendo. Sempre há alguém que não atenda a minha necessidade ou alguém que me irrite. A comunidade não é um lugar ou momento sentimental ideal em que todos vivem juntos, amam-se e sempre se dão bem. Isso nunca vai acontecer. Ao contrário, na convivência, acabamos percebendo que a comunidade não requer nem oferece harmonia emocional total. Ela nos oferece o contexto onde tentamos amar uns aos outros e receber o amor e o carinho dos outros.

Por que é tão importante que a solitude anteceda a comunidade, que a comunidade se origine da solitude? Se não soubermos que somos os filhos e filhas amados(as) de Deus, esperaremos que alguém da comunidade nos faça sentir especiais e valorosos. Definitivamente, ninguém é capaz disso. Se começarmos tentando criar a comunidade, esperaremos que alguém nos dê um amor perfeito e incondicional. Mas a verdadeira comunidade não é a solidão aderir à solidão: "Estou tão sozinho e você está tão sozinho; por que não nos juntamos?" Muitos relacionamentos começam pelo medo de estar sozinho, mas não podem, definitivamente, satisfazer uma ca*dade é a solitude saudando a solitude*: "Eu sou o amado; você é o amado; juntos podemos construir uma casa ou local de acolhida". Às vezes você se sente próximo e isso é maravilhoso. Às vezes você não sente muito amor e isso é difícil. Mas podemos ser fiéis uns aos outros em comunidade. Podemos construir uma casa juntos e criar espaço para Deus e para os outros na família de Deus.

Embora não seja fácil, Jesus nos chama para vivermos juntos como uma família de fé e compromisso. Em comunidade, aprendemos o que significa confessarmos a nossa fraqueza e perdoarmos uns aos outros. Em comunidade, descobrimos o que significa colocar o nosso desejo de lado e realmente viver pelos outros. Em comunidade, aprendemos a verdadeira humildade. As pessoas de fé precisam de uma comunidade, pois sem ela nos tornamos individualistas e, às vezes, egocêntricos. Por ser tão difícil, a comunidade não é exatamente uma opção na vida espiritual. A comunidade origina-se da solitude e, sem uma comunidade, a comunhão com Deus é impossível. Somos chamados à mesa de Deus juntos, não individualmente. A formação espiritual, assim, sempre inclui a formação para a vida em comunidade. Todos nós temos de encontrar o nosso caminho de volta a Deus em solitude e em comunidade, com os outros.

Como encontrei meu caminho para casa

Quando fui chamado para ir a Yale tinha quarenta anos, e meu bispo disse que eu poderia ficar lá alguns anos; fiquei dez anos.

Estava indo bem no que tangia às minhas ambições, mas comecei a questionar se realmente estava fazendo a vontade de Deus. Eu estava sendo obediente? Eu era o padre que queria ser? Yale era realmente a minha casa?

Rezei: "Deus, você sabe o que devo fazer. Diga-me e eu o seguirei. Irei aonde você quiser. Mas você precisa ser muito claro a respeito". Em 1981, de repente tive a sensação de que queria ir à América Latina e trabalhar com os necessitados. Deixei minha carreira de professor em Yale e comecei a me preparar para uma peregrinação até a Bolívia e o Peru. Os amigos questionavam se eu estava tomando a decisão certa. Não tive muito apoio.

Logo descobri que ser um missionário na América Latina não era a minha vocação. Era difícil estar lá. As pessoas eram boas comigo, acolhedoras, notavelmente hospitaleiras. Mas Deus não me chamava ali. Eu estava lá obrigado. Passei algum tempo com Gustavo Gutiérrez, que não me encorajou a permanecer lá. "Talvez precisem mais de você na universidade para falar sobre a América Latina", ele disse. "Faça a missão reversa para o Primeiro Mundo, a partir do Terceiro Mundo, e escreva". Tristemente, os necessitados do Peru não se tornaram a minha família, nem a América Latina tornou-se a casa do meu coração.

Enquanto isso, a Harvard Divinity School me chamou para integrar a faculdade. Foi o que fiz, e tentei ensinar sobre as lutas espirituais do povo da América Latina e a necessidade de justiça social. Mas os alunos sentiam uma enorme necessidade de falar sobre oração e contemplação. Perguntavam-me sobre a vida espiritual interior e o ministério. Gostava de ensinar em Harvard e fiz grandes amigos lá. Ao mesmo tempo, não sentia que Harvard era um lugar seguro para mim. Era muito pódio, muita publicidade, público demais. Muita gente vinha ouvir em busca de compreensão intelectual, em vez de *insight* espiritual. Era um lugar intensamente competitivo, um campo de batalha intelectual. Harvard não era um lar. Precisava de um lugar onde pudesse rezar mais. Precisava estar em uma comunidade onde a minha vida espiritual se aprofundasse no relacionamento com os outros.

Minha decisão de deixar Harvard foi difícil. Por muitos meses, não tinha certeza se estaria seguindo ou traindo a minha vocação se saísse. As vozes exteriores diziam: "Você pode fazer tanto bem aqui. As pessoas precisam de você!" As vozes interiores diziam: "Que bem faz pregar o Evangelho aos outros enquanto se perde a própria alma?" Finalmente, percebi que a minha crescente escuridão, meus sentimentos de rejeição, minha necessidade excessiva de afirmação e afeto, e meu profundo senso de estranheza eram sinais claros de que eu não estava seguindo o caminho do Espírito de Deus. Os frutos do Espírito não são tristeza, solidão e separação, mas júbilo, solitude, comunidade e ministério. Assim que deixei Harvard, senti tanta liberdade interior, tanta alegria e energia nova que poderia olhar para a minha vida anterior como uma prisão na qual eu havia me trancado.

Não sabia aonde ir, exceto pelo meu vínculo profundo com Jean Vanier e a sua comunidade L'Arche, na França. Então, fui para lá durante um ano para discernir o meu chamado e qual seria a comunidade a se tornar a minha casa. Mais uma vez, rezei: "Deus, o que quer que eu faça?" Antes do fim do ano, recebi uma carta da comunidade Daybreak, no Canadá – uma dentre uma centena de comunidades no mundo onde crianças, homens e mulheres com deficiências e seus assistentes vivem juntos. Estavam me chamando para ser membro e padre da comunidade. Foi a primeira vez em toda a minha vida que me senti chamado para alguma coisa. Todas as outras vezes, foi minha iniciativa. Desta vez, senti Deus me chamando. Indaguei se essa carta era a resposta à minha oração.

No fim de agosto de 1986, mudei-me para Daybreak, para a Nova Casa, onde seis deficientes – Rose, Adam, Bill, John, Trevor e Raymond – e seus quatro assistentes receberam-me calorosamente. Gradualmente fiz amizade com todos os membros da casa. Mas esses laços de amizade demandaram um grande esforço. Tive de enfrentar a dificuldade de reconhecer as minhas próprias deficiências! Sempre soube que elas estavam lá, mas sempre consegui mantê-las fora de vista. Mas aqueles que não conseguem esconder as suas deficiências não permitem que seus assistentes escondam as suas. Ofereceram-me muito apoio e orientação durante meus primeiros meses, quando convivi com meus próprios temores e inseguranças. A autoconfrontação era a batalha mais árdua de todas.

A comunidade L'Arche gradualmente tornou-se a minha casa. Nunca sonhei na minha vida que homens e mulheres com deficiência mental seriam aqueles que colocariam as mãos sobre mim em um gesto de bênção e me ofereceriam um lar. Por muito tempo, busquei segurança e proteção entre os sábios e os entendidos, quase sem me dar conta de que as coisas do Reino são reveladas às "criancinhas", que Deus escolheu "aqueles que, pelos padrões humanos, são tolos que envergonham os sábios". Mas quando experimentei a recepção calorosa e despretensiosa daqueles que nada têm a se vangloriar, e vivenciei um abraço amoroso de pessoas que não faziam perguntas, comecei a descobrir que uma verdadeira volta ao lar espiritual significa uma volta aos pobres de espírito a quem o Reino dos Céus pertence. O abraço do Pai tornou-se muito real para mim nos abraços daqueles que são física e mentalmente pobres.

Com o passar dos anos em Daybreak, descobri que a comunidade era cheia de amor e apoio, e também difícil de suportar. A vida em comunidade não afastava a escuridão. Ao contrário. Parece que a luz que me atraiu à L'Arche também me conscientizou da escuridão em mim. Em comunidade, você realmente vem a se conhecer. Ciúme, ira, o sentimento de ser rejeitado ou negligenciado, a sensação de não pertencer verdadeiramente – tudo isso emergiu no contexto de uma comunidade que lutava por uma vida de perdão, reconciliação e cura.

A vida comum em comunidade

A vida em comunidade me abriu as portas para o verdadeiro combate espiritual: a luta para me manter em direção à luz precisamente quando a escuridão é tão real. Por exemplo, às vezes em comunidade eu faço exigências tão grandes às pessoas que ninguém é capaz de cumpri-las – exigências emocionais e expectativas das quais não tenho total consciência. Espero que alguém afaste a minha solidão. Espero que essa pessoa me proporcione a sensação de estar em casa. Espero que, por vivermos juntos, tudo será alegre e prazeroso. Espero que a comunidade sempre seja um convívio pacífico, sem trabalho árduo ou conflito. Quando as minhas expectativas não se concretizam, sou deixado, sentindo-me triste, sozinho e deprimido. Por que as minhas expectativas em relação aos outros são tão grandes? Que necessidade minha não está sendo atendida ou preenchida?

Essas perguntas me levam de volta à oração e à necessidade de direção espiritual em minha vida espiritual e em meus relacionamentos em comunidade. Sou lembrado do quanto é importante que a solitude anteceda a comunidade e que a vida em família seja reconhecida como inerentemente difícil. Quando a solitude é abraçada, aprendi que o perdão e a celebração podem vir a caracterizar a comunidade autêntica, até mesmo com os seus desafios.

Comunidade requer perdão

Dentro da disciplina da vida em comunidade encontram-se os dons gêmeos do perdão e da celebração que precisam estar abertos e ser usados regularmente. O que é perdão? *Perdão significa que eu desejo continuamente perdoar o outro por não atender todas as minhas necessidades e desejos.* O perdão diz: "Eu sei que você ama, mas você não tem de me amar incondicionalmente, porque só Deus pode fazê-lo". Eu também devo pedir perdão por não ser capaz de atender todas as necessidades dos outros, pois nenhum ser humano é capaz disso.

Todos temos feridas. Todos vivemos com dor e desapontamento. Todos temos sentimentos de solidão que subjazem todos os nossos êxitos, sentimentos de inutilidade que se ocultam sob todos os elogios, sentimentos de falta de significado, até mesmo quando dizem que somos fantásticos – e é isso que faz com que nos aproximemos das pessoas e esperemos delas afeto, afirmação e amor que não podem dar. Se quisermos que os outros nos deem algo que só Deus pode dar, estamos pecando por idolatria. Dizemos: "Amem-me!" e logo nos tornamos exigentes e manipuladores. É tão importante que sempre perdoemos uns aos outros – não de vez em quando, mas em todos os momentos da vida. É isso que torna a comunidade possível, quando conseguimos nos unir de forma a perdoar e não exigir.

Nosso Coração anseia por satisfação, pela comunhão total. Mas os seres humanos, sejam eles seu marido, sua esposa, seu pai, mãe, irmão, irmã ou filho, estão todos limitados a dar o nível de amor e aceitação pelo qual ansiamos. Mas já que queremos tanto e conseguimos apenas parte do que queremos, temos de nos manter perdoando as pessoas por não darem tudo o que queremos. Então, eu perdoo você, já que você só consegue me amar de maneira limitada. Perdoo minha mãe por ela não ser tudo o que eu gostaria. Perdoo meu pai, porque ele fez o melhor que pode. Isso é de enorme importância neste momento, porque as pessoas constantemente culpam os pais, amigos e a Igreja por não lhes darem o que precisam. Muitas pessoas ficam muito irritadas. Não conseguem perdoar os outros por oferecerem apenas expressões limitadas de um amor ilimitado. O amor de Deus é ilimitado; o nosso amor não. Qualquer relacionamento no qual se envolver – comunhão, amizade, casamento, comunidade ou Igreja – sempre será permeado de frustração e desapontamento. Então, o perdão torna-se a palavra para o amor divino no contexto humano.

***

A comunidade não é possível sem a disposição de perdoar um ao outro "setenta vezes sete" (Mt 18,22). O perdão é o cimento da vida em comunidade. O perdão nos mantém juntos em momentos bons e ruins, e permite que cresçamos no amor mútuo.

Como pessoas que têm corações que anseiam pelo amor perfeito, temos de perdoar uns aos outros por não sermos capazes de dar ou receber esse amor perfeito em nossa vida cotidiana. Nossas muitas necessidades constantemente interferem em nosso desejo de estar à disposição do outro incondicionalmente. Nosso amor está sempre limitado por condições faladas ou não faladas. O que precisa ser perdoado? *Precisamos perdoar uns aos outros porque não somos Deus!*

Deixe-me compartilhar uma história pessoal que ilustra essa verdade. Logo depois de ter chegado a Daybreak, pareceu-me que Deus havia me presenteado com um maravilhoso presente de amor e amizade especial. À medida que esse relacionamento cresceu e se desenvolveu, apeguei-me muito a um amigo. Olhando para trás, estava excessivamente apegado e carente, e tive de me desprender, perdoar e ser perdoado. Escrevi um livro sobre isso chamado *A voz interior do amor*.

Meu amigo Nathan tinha uma surpreendente capacidade de abrir um lugar em mim que havia sido fechado, e eu centralizei todas as minhas necessidades emocionais nele. Fiquei muito dependente dele, o que me impedia de fazer de Deus e da comunidade o verdadeiro centro da minha vida. Na presença dele, sentia-me plenamente vivo e amado, e não queria deixá-lo ir embora. Em determinado ponto, ele não conseguia mais me suportar, e disse: "Não quero mais estar com você. Sempre que estou com você, há tanta pressão. Você quer estar comigo o tempo todo".

Eis uma pessoa que realmente me entendia e amava, que me fez entrar em contato com importantes partes desvendadas de mim mesmo e que abruptamente rompeu a amizade. Bem, eu me desestruturei, fiquei totalmente desestruturado. Caí em uma terrível depressão. Fiquei totalmente paralisado – não conseguia exercer o ministério e cheguei à beira do desespero – então tive de deixar a minha comunidade por vários meses e ficar em um centro de terapia.

O psiquiatra que consultei disse friamente: "É muito simples: você se empolgou com alguém, esse alguém deixou você, você está deprimido. Levará seis meses de pesar para superar isso. Não veja essa pessoa novamente e ficará tudo bem. Você é normal. Na escala do nosso manual de psiquiatria, a sua neurose é do nível 2". Ele me parecia um médico de cavalos.

Quando ele disse que levaria seis meses e que eu teria de deixar a minha comunidade e nunca mais ver essa pessoa, reagi negativamente. Ele disse que eu nunca deveria ter sido um celibatário porque obviamente me apegava muito aos outros, então isso não é positivo. Eu simplesmente não acreditei. Disse ao psiquiatra: "Não vou continuar com as consultas. Você captou tudo em mim, a minha dor é tão simples para você, e eu não vou continuar com o tratamento".

Eu sabia que tinha de perdoar o meu querido amigo por não ser para mim o que eu julgava necessitar. Poderia dizer isso mil vezes, mas as minhas emoções não acompanhavam. Não poderia perdoar por muito tempo. Sentia-me tão zangado, tão rejeitado, tão deprimido porque o meu melhor amigo achou que eu era intolerável?

Gradualmente, consegui perdoar meu amigo por não me amar plenamente como somente Deus é capaz. Eu tinha de perdoá-lo porque ele não era Deus! Não era uma tarefa intelectual, mas um assunto do Coração. Era uma oportunidade enorme para crescer em direção à verdade de saber que apenas Deus pode me dar o que eu desejo de outra pessoa.

Sabia em meu coração que o que eu vivenciava era um relacionamento dado por Deus, que o amor era real, que eu vivenciava algo de extrema importância. Sabia que eu não tinha de deixar a minha comunidade, que o relacionamento poderia ser curado e recuperado, e que juntos poderíamos trabalhar nisso. E eu sabia que não tinha de renunciar à minha vocação de padre celibatário para encontrar a realização. No começo, eu não via nem dizia tudo isso com clareza. Mas quando a dor diminuiu, voltei a mim e retornei para casa.

Não nego a parte da empolgação nessa crise; não quero que pareça apenas espiritual, embora tenha sido a maneira de Deus me chamar para proclamar a minha condição de ser amado e personificação como ser humano, ouvir essa voz e escutar Deus dizer: "Eu amo você com amor incondicional. Com ou sem determinada pessoa em sua vida, estou com você e sou o que precisa. Na sua fraqueza, você teria recorrido a ele; em vez disso, você veio a mim".

Foi muito importante o fato de a minha comunidade não ter me abandonado, mas sim me apoiado nessa crise. Eles me mandaram àquele centro de terapia e iam me visitar. Quando me sentia imprestável, generalizava isso e dizia que ninguém se importava. O oposto, é claro, era verdade. Os membros da comunidade diziam: "Só porque o seu amigo não pode mais estar com você, não quer dizer que não amamos você. Amamos muito você. Você é muito importante para nós". Não acreditei no começo e senti que o amor deles era muito superficial. Ao fazer uma retrospectiva, não acho que teria sobrevivido sem eles.

Depois de toda a dor e luta para perdoar e superar, um milagre de reconciliação ocorreu em nossa comunidade. Não apenas consegui restabelecer contato com meu amigo, mas o nosso relacionamento foi curado e restaurado com o passar do tempo. Finalmente, Nathan reconheceu que eu não mais estava projetando todas as minhas necessidades e voltamos a ser ótimos amigos.

O perdão leva à celebração

O interessante é que, ao perdoar as pessoas por não serem Deus, você pode celebrar o fato de elas serem um reflexo de Deus, um reflexo do grande amor incondicional de Deus. Você pode dizer: "Amo você porque você tem belos dons do amor de Deus", ou "Você não pode dar o que somente Deus pode dar, mas o que você tem a oferecer é digno de ser celebrado". Você pode dizer: "Uau, isso é lindo!"

Celebrar os dons uns dos outros não significa fazer pequenos cumprimentos – "Você canta tão bem". Não, isso é demonstração de talento. Celebrar o dom do outro significa aceitar a humanidade da pessoa como um todo, como reflexo de Deus.

Quero dizer que "celebrar" significa enaltecer, afirmar, confirmar e rejubilar-se com os dons e graças de outra pessoa como reflexos da dádiva ilimitada de amor e graça dada por Deus. O marido ou a esposa podem fazer muito, mas você também precisa da sua comunidade. De certa forma, a comunidade é um mosaico: cada pessoa é um pedacinho de cor diferente e, juntas, todas as peças nos mostram a face de Deus. Mas cada pedacinho, por si mesmo, é um reflexo muito limitado desse grande amor.

A celebração é uma expressão muito concreta de amor. Uma celebração de aniversário, por exemplo, simplesmente diz: "Estou feliz por você estar aqui". Não significa enaltecer os talentos das pessoas, como "Você é um bom pianista". Você não é mais agraciado porque sabe tocar piano melhor do que eu. Isso é apenas um talento. O seu maior dom pode ser a sua capacidade de trazer alegria e paz a uma sala com a sua música. Celebração significa enaltecer os dons de alegria, paz, amor, perseverança, bondade, gentileza de alguém. Enaltecemos os dons do Espírito – pois eles são os reflexos de Deus.

Aprendi tanto desde que fui para Daybreak! Aprendi que meus verdadeiros dons não são escrever livros ou dar aulas em universidades. Meus verdadeiros dons são descobertos e refletidos de volta a mim por meio dos membros da comunidade que me conhecem e me amam. Às vezes me dizem: "Henri, você dá bons conselhos. Por que não lê alguns dos seus próprios livros?" Em outros momentos, encontro a cura ao ser conhecido e celebrado em minha fraqueza e vulnerabilidade. Repentinamente percebo que sou uma pessoa boa aos olhos daqueles que não leem meus livros nem ligam para o meu sucesso. Essas pessoas conseguem me perdoar pelos meus pequenos gestos e comportamento egocêntricos que sempre aparecem.

Em minha comunidade, temos de perdoar muito. Mas bem em meio ao perdão surge a celebração. Com o perdão e a celebração, a comunidade torna-se o lugar onde evocamos os dons das outras pessoas, enaltecemos esses dons e dizemos: "Você é a filha amada e o filho amado. Em você pus as minhas complacências."

Conectados pelo amor

Assim, ao descobrir que é amado por Deus em solitude, você vê que os outros são amados em comunidade e pode evocar tal beleza no ministério. É um incrível mistério do amor de Deus que, quanto mais você sabe que é amado, mais verá a profundidade pela qual as suas irmãs e irmãos da família humana são amados. Quanto mais amar os outros sem condições, mais conseguirá se amar da maneira pela qual Deus ama você e os outros. E quanto mais for amado pelos outros, mais você perceberá o quanto é o amado de Deus. Encontrar o seu caminho para casa é aprender como todo o amor está conectado, como é expresso e vivido em comunidade. Como São João escreveu de forma tão eloquente: "Caríssimos, amemo-nos uns aos outros, porque o amor vem de Deus, e todo o que ama é nascido de Deus e conhece a Deus. Aquele que não ama não conhece a Deus, porque Deus é amor" (1Jo 4,7-8).

Aprofundando-se: exercícios para direção espiritual

A vida espiritual nunca pode ser separada de uma vida conjunta. A verdadeira oração, até mesmo a oração mais íntima, sempre leva a novos vínculos com os outros. Mais do que sermões, aulas ou leituras individuais, estar junto em uma busca comum por Deus pode aprofundar e ampliar a nossa vida no Espírito. Os seguintes princípios podem se mostrar úteis para criar uma comunidade e formação em grupo:

Princípios para construção de comunidade

A liderança é sempre um problema em pequenos grupos ou comunidades religiosas maiores. Com que forma de liderança você mais se sente à vontade? Que modelos de liderança você considera mais desafiadores?

Lembre, o principal objetivo da comunidade é aprender junto sobre a vida do Espírito de Deus dentro e entre nós por meio de oração, apoio e responsabilidade. Análise racional, dinâmica interpessoal, discussão intelectual e debates, embora úteis para superar obstáculos temporários, não são as tarefas espirituais principais de uma comunidade religiosa.

Para encontrar o "comprimento de onda" certo para a interação em grupo, a palavra de Deus precisa ser o centro de nossas reuniões. Concretamente, isso significa que não devem existir reuniões da comunidade sem ler a Escritura coletivamente. Uma boa maneira de fazer isso é a leitura do texto vagarosa e em voz alta por diferentes membros do grupo para que todos ouçam com grande reverência à palavra.

Além de ouvir juntos a palavra de Deus, parece crucial que um tempo considerável de silêncio seja reservado. Estar em conjunto em silêncio voltado à oração durante o qual a palavra possa penetrar com maior profundidade em nossos corações pode vir a ser uma das experiências mais agregadoras possíveis.

Falar pode ser uma das coisas mais difíceis a fazer tanto em pequenos grupos quanto em comunidades maiores. Estamos tão acostumados a concordar, discordar, discutir e debater que costumamos esquecer a linguagem que nos ajuda a construir a comunidade e reconhecer o mistério do Espírito entre nós. Assim, deixemos nossas palavras serem poucas. Deixemos nossa vida despontar com grandeza.

Reflexão e diário

Quem está na sua comunidade religiosa? O que une vocês? O que faz da sua comunidade um desafio?

A quem você precisa perdoar por não ser Deus?

9
Como posso ser útil?

Uma antiga lenda do Talmude sugere onde começar quando se busca uma forma de ser útil no mundo.

Onde encontrar o Messias?

O rabino Yoshua ben Levi perguntou a Elias, o profeta: *"Quando o Messias virá?"*

Elias respondeu: *"Vá até ele e pergunte".*

"Onde ele está?"

"Sentado nos portões da cidade".

"Como o reconhecerei?"

"Está sentado entre os pobres, coberto de feridas. Os outros desenfaixam todas as suas feridas ao mesmo tempo e depois as enfaixam de novo. Mas ele desenfaixa uma de cada vez e a enfaixa de novo, dizendo a si mesmo: 'Talvez possam precisar de mim: se isso acontecer, devo estar sempre pronto para não me atrasar nem por um momento'"[33].

---

[33] Citado por Henri do Tratado Sanhedrin, em *The Wounded Healer*: ministry in contemporary society (1972), cap. 4 (*O sofrimento que cura*. Paulinas, 2001).

Essa história suscita muitas perguntas: Como o profeta sabe quando o Messias virá ou onde pode ser encontrado? Por que o Messias seria encontrado fora dos portões da cidade? Por que sentado entre os pobres? Por que coberto de feridas? Por que trocando as ataduras, as dos outros e as próprias, uma de cada vez?

O Messias que vem, de acordo com os profetas, é um servo sofredor e um curador ferido (cf. Is 53). O seu lugar é entre os pobres. Cuida das próprias feridas, assim como das feridas alheias, prevendo o momento em que necessitarão dele. Assim também acontece com todos os ministros e servos de Deus. Somos chamados para sermos curadores feridos que cuidam das próprias feridas e, ao mesmo tempo, prepararam-se para curar as feridas alheias.

Como você pode ser útil no mundo, você pergunta? Qual é o seu ministério em relação aos outros? Onde deve empregar a sua energia vital? Neste capítulo, quero responder a essas perguntas, explorando o ministério de cura de Jesus, a prática da compaixão e gratidão em comunidade e, finalmente, como seguir Jesus em sua trilha descendente por meio do deslocamento voluntário.

O ministério de cura de Jesus

Em Lucas 8,42-48, lemos:

> Jesus dirigiu-se para lá, comprimido pelo povo. Ora, uma mulher que padecia dum fluxo de sangue havia doze anos, e tinha gasto com médicos todos os seus bens, sem que nenhum a pudesse curar, aproximou-se dele por detrás e tocou-lhe a orla do manto; e no mesmo instante lhe parou o fluxo de sangue.

Jesus perguntou: Quem foi que me tocou? Como todos negassem, Pedro e os que com ele estavam disseram: Mestre, a multidão te aperta de todos os lados...

Jesus replicou: Alguém me tocou, porque percebi sair de mim uma força.

A mulher viu-se descoberta e foi tremendo e prostrou-se aos seus pés... Jesus disse-lhe: Minha filha, tua fé te salvou; vai em paz.

Jesus não curava as multidões aplicando técnicas de ministério comprovadas. Ele falava do Coração, agia com compaixão e deixava os resultados para Deus. Só desejava uma coisa – fazer a vontade do seu Pai. Ele não dizia: "Deixe-me falar com você durante dez minutos e talvez eu possa fazer algo a respeito". Ele não assentava as pessoas, diagnosticava-as e dizia: "Posso ajudar *você*, mas não posso ajudar *você*". Jesus estava sempre ouvindo e em contato com Deus, e da sua intimidade com Deus surgia um poder que irradiava a todos.

"Aquele que crê em mim fará também as obras que eu faço, e fará ainda maiores do que estas", Jesus disse (cf. Jo 14,12). "Ide e curai os enfermos. Andai por cima da serpente. Chamai os mortos para a vida". Não era conversa fiada. Ele disse precisamente: "Vós sois enviados ao mundo assim como eu fui enviado ao mundo – para salvar e curar" (Mc 16,15-18). Temos de crer no poder de cura de Deus. Crer que, se estivermos vivendo como os amados e tivermos compaixão pelos outros, muitos serão curados, percebamos no momento ou não.

A pergunta no ministério não é "Como trago todas estas pessoas a Jesus?" ou "Como faço estas pessoas crerem?" ou "Como ajudo todas estas pessoas?" O ministério acontece. Você e eu *faze-*

mos muito pouco. Eu não tento fazer com que as pessoas vão à igreja ou juntem-se a mim em oração e na Eucaristia. Eu apenas começo a rezar e oferecer a Eucaristia e vejo quem vem. Não estou preocupado em consertar o casamento de quem esteja considerando se divorciar nem em convencer a mulher que não crê em Jesus a ter fé. Estou aqui para dizer: "Este sou eu e este é Deus para mim", e estar à disposição dos outros. Você tem de acreditar que, se é o filho ou a filha de Deus, um poder de cura surgirá de você e as pessoas serão curadas. As pessoas quererão saber de onde vem a sua energia. Quererão tocar em você para conseguir captar o fluxo.

Todos os seguidores de Jesus são chamados ao ministério. Este é todo o conceito da Igreja cristã: somos o corpo de Cristo. Cada um de nós é um membro com dons especiais a partilhar. A missão de Jesus na Terra era formar uma comunidade e lhe dar poderes para o ministério no mundo. Jesus disse: "Quando eu for, enviarei meu espírito, e meu espírito dar-vos-á poder. Todas as coisas que o Pai me disse, digo a vós. Todas as obras que estou fazendo, vós as fareis também, ainda maiores que estas" (cf. Jo 14,16).

O ministério do corpo de Cristo realmente não é algo que você tenta *fazer*, embora o chame para fazer muitas coisas. O ministério é o fruto de encontrar os seus dons e oferecer o que tem. O ministério não é algo que requer credenciais profissionais. É uma vocação que cada um de nós clama em virtude do nosso batismo no corpo de Cristo. O ministério não é algo que se faz durante determinadas horas do dia e depois vai-se para casa para descansar à noite. Bem, quem sabe? O ministério pode acontecer enquanto você descansa.

Se estiver vivendo em comunhão com Deus, se você souber que é o amado, e se estiver à disposição para servir, não conseguirá fazer mais nada a não ser ministrar. O ministério é a enxurrada do seu amor por Deus e pelos outros. *O ministério é quando duas pessoas brindam os seus cálices de vinho e algo derrama.* O ministério é o extra.

Mutualidade no ministério

"Servir aos outros seria mais fácil se eu não tivesse de fazer isso sozinho", você pode estar dizendo. Ou, como eu, você pode ter a tendência de querer passar da comunhão solitária ao ministério sem formar comunidade. O meu individualismo e desejo de sucesso pessoal vivem me tentando a fazer sozinho e clamar o trabalho do ministério a mim mesmo. Mas Jesus não pregava nem curava sozinho. O ministério não deve ser feito sozinho, mas em comunidade. O ministério não é algo que temos e oferecemos a quem necessite, mas algo oferecido e recebido em vulnerabilidade e benefício mútuos. O ministério é uma experiência comum e mútua. Não ministramos *para*; ministramos *com* e *entre* outros. "Porque onde dois ou três estão reunidos em meu nome, aí estou eu no meio deles" (Mt 18,20).

Jesus enviou seus seguidores de dois em dois para curar, expulsar demônios e anunciar a sua vinda (cf. Lc 9 e 10). Não podemos trazer a Boa-Nova sozinhos. Somos chamados para proclamar o Evangelho juntos, em comunidade. É por isso que gosto de ministrar com os outros. Descobri repetidas vezes como é difícil ser verdadeiramente fiel a Jesus quando estou só. Preciso que os meus irmãos e irmãs rezem comigo, falem comigo sobre o trabalho espiritual em mãos, e me desafiem a permanecer puro de mente, coração e corpo.

Em minha juventude, viajava muito, pregando e fazendo retiros, proferindo discursos de formatura e outras palestras, e sempre ia sozinho. Depois, já mais velho, saía em ministério com as pessoas da comunidade Daybreak. Eles têm dons especiais que ministram de maneiras que eu não sou capaz e, juntos, algo especial acontece. Por exemplo, quando Bill Van Buren e eu estávamos viajando juntos e falando a grandes multidões, eu estava tentando falar algo que fizesse com que todos ouvissem. Ele estava ao meu lado. Depois que apresentei a questão, houve silêncio total. E, então, de repente, Bill deixou escapar um "Uau! Eu já ouvi isso antes!" Na espontaneidade e em meio a risos, algo inesperado aconteceu. Ele foi uma pequena agulha no meu balão, mas, ao mesmo tempo, estávamos juntos. As pessoas perceberam que não eram as minhas palavras que poderiam fazer o ministério acontecer. Não eram as palavras dele, mas as *nossas* palavras que, juntas, eram a Boa-Nova. De fato, sempre que ministramos juntos, é mais fácil para as pessoas reconhecerem que não vimos em nosso próprio nome, mas em nome do Senhor Jesus, que nos enviou. Quando a comunidade sai junta, o ministério acontece.

Gratidão e compaixão

Como podemos cultivar uma comunidade de ministério? A mutualidade no ministério pode ser caracterizada por duas palavras: *gratidão* e *compaixão*. Ministramos juntos, prestando atenção à expressão do nosso espírito de gratidão e à nossa compaixão pelos outros. Se estiver buscando uma comunidade, procure essas características.

Gratidão basicamente significa "receber as dádivas de Deus e dos outros" – dizer "obrigado". É parte essencial do ministério reconhecer e receber as dádivas dos outros e dizer "obrigado" a eles por serem quem são e por oferecerem o que têm. Desejamos dar coisas às pessoas para estarmos no lado da doação. Esquecemos que a maior alegria para os outros é perceber que eles têm algo a nos dar. Por exemplo, posso cuidar de deficientes físicos pelo resto da minha vida, e eles necessitam de milhares de coisas, mas a maior alegria para eles é serem capazes de fazer algo por si e oferecer os seus dons especiais aos outros. Quando levo Bill ou outros da L'Arche em uma viagem de palestras comigo, não é para mostrar aos outros o quanto eu me preocupo com eles; ao contrário, eu faço isso para que eles possam oferecer algo e, comigo, dividam a Boa-Nova.

Ministério é reconhecer e receber as dádivas dos outros. Reconheço em você uma presença divina. Você é o Cristo que vem a mim como estranho, prisioneiro, como aquele que está despido, faminto. Não é por causa das suas necessidades, mas porque você tem dádivas especiais a partilhar. Por meio de você e da sua doação, recebo a dádiva do amor e vejo a face de Deus. Sou grato. E espero que reconheça o quanto você é belo!

Uma das maiores tentações da vida é ficar ressentido. *O ressentimento é o oposto da gratidão.* O mundo é cheio de ressentimento. O que é ressentimento? Ira fria. Ira voltada para dentro. Dizemos: "Não tenho raiva dele. Tenho raiva disso. Não é assim que eu quero". As coisas não saem como esperamos e ficamos ressentidos. Quanto mais envelhecemos, maiores as chances de ficarmos ressentidos. Quero dizer, sobre o que falaríamos se não tivéssemos nada do que reclamar?

O ministério acontece quando nos movemos do ressentimento à gratidão. A vida espiritual é de gratidão. Você consegue ser grato por tudo o que aconteceu na sua vida – não apenas pelas coisas boas, mas por tudo o que o trouxe até aqui? Lembre, foi o sofrimento do Filho de Deus que originou uma família de pessoas conhecidas como cristãs. O meu próprio sofrimento foi o que Deus usou para me trazer até aqui.

O nosso ministério é ajudar as pessoas e deixar que elas nos ajudem gradualmente a abandonar o ressentimento e descobrir que bem no meio da dor existe uma bênção pela qual podemos ser gratos. Bem no meio das lágrimas, a dança da alegria pode ser sentida. Vendo de baixo, de uma perspectiva humana, há uma enorme distinção entre momentos bons e ruins, entre o pesar e a alegria. Mas de cima, aos olhos de Deus, o pesar e a alegria nunca estão separados. Onde houver dor, também haverá cura. Onde houver lamento, haverá dança. Onde houver pobreza, haverá o reino.

No ministério, juntos, pela nossa simples alegria e grata presença, podemos ajudar as pessoas a serem mais gratas pela vida até mesmo na dor. Os ministros, discípulos de Jesus, vão aonde há dor, não porque sejamos masoquistas, mas porque Deus está oculto na dor e no sofrimento do mundo.

Compaixão é a segunda palavra que torna o serviço pelo ministério possível. Compaixão significa "sofrer junto". Em latim, *com* significa "comum" e *passion* significa "sofrimento". No Antigo Testamento, as palavras principais para a compaixão de Deus e a nossa são variações da palavra hebraica *rachamim*, que significa, literalmente, "intestinos", "ventre" ou "víscera". A palavra grega correspondente para compaixão no Novo Testamento é *splachmizomai*, que significa "ser afetado nos intestinos, nas vísceras"[34]. A compaixão é visceral.

Por exemplo, quando Jesus ressuscitou o filho único de uma viúva, Ele o fez a partir de um Coração partido de compaixão:

> No dia seguinte dirigiu-se Jesus a uma cidade chamada Naim. Iam com Ele diversos discípulos e muito povo. Ao chegar perto da porta da cidade, eis que levavam um defunto a ser sepultado, filho único de uma viúva; acompanhava-a muita gente da cidade. Vendo-a, o Senhor, *movido de compaixão para com ela*, disse-lhe: Não chores! E aproximando-se, tocou no esquife, e os que o levavam pararam. Disse Jesus: Moço, eu te ordeno, levanta-te. Sentou-se o que estivera morto e começou a falar, e Jesus entregou-o à sua mãe [grifo nosso] (Lc 7,11-15).

Jesus, movido de compaixão, sentiu a dor da mãe em suas vísceras. Ele sentiu isso tão profundamente em seu espírito que a sua compaixão chamou o filho dela de volta à vida. Similarmente, aqueles movidos pela compaixão "de sofrer com aqueles que sofrem" testemunham a presença sofredora de Deus e a solidariedade para com os necessitados. O nome de Deus é *Emanuel*, que significa "Deus conosco".

Mas e se não conseguirmos resolver os problemas nem mudar as circunstâncias daqueles que tentamos ajudar? O alívio da dor e

---

[34] Em aula, Henri explicava as raízes da compaixão, referindo-se à pesquisa bíblica feita pelo seu assistente de ensino John Mogabgab, em um material chamado "Compassion: Selected Biblical References". Consulte também o livro de Henri *Compassion*: a reflection on the christian life (1982).

do sofrimento às vezes pode ser fruto de estarmos com aqueles que sofrem, mas essa não é a principal questão pela qual estamos lá. O ministério requer coragem para estar com os doentes, moribundos e pobres em sua fraqueza e em nossa impotência. Não somos capazes de resolver os seus problemas nem mesmo de responder às suas perguntas. Ousamos estar com os outros em vulnerabilidade e ministério mútuos precisamente porque Deus é um Deus que sofre conosco e nos chama para a gratidão e compaixão em meio à dor. Você não pode resolver todos os problemas do mundo, mas pode estar com pessoas em seus problemas e questões com a sua simples presença, confiando que a alegria também será encontrada ali. Como Madre Teresa gostava de dizer: "Jesus não chama você para ser bem-sucedido, mas para ser fiel".

Jesus disse: "Seja compassivo assim como o seu Pai divino é compassivo". É um grande chamado. Não tenha medo. Não diga: "Não sou capaz". Quando você se reconhece como o amado, e quando tem amigos à sua volta com quem vive em comunidade, você é capaz de tudo. Você não tem mais medo de bater à porta enquanto alguém está morrendo. Você não tem medo de iniciar uma discussão com alguém que, por trás do brilho, precisa muito do ministério. Reconhecer-se como o amado permite que você saia pelo mundo e toque as pessoas, cure-as, fale com elas e as conscientize de que elas são as amadas, escolhidas e abençoadas. Não pelo nosso domínio ou poder, mas pela nossa simples presença em meio ao sofrimento, mostramos o nosso amor e a nossa gratidão pelos outros. Eis o mistério do ministério.

Deslocamento voluntário e mobilidade descendente

Compaixão e gratidão no ministério são possíveis por meio das disciplinas gêmeas de *mobilidade descendente* e *deslocamento voluntário*. Juntas, ajudam-nos a permanecermos fiéis ao chamado para servir e ministrar aos pobres.

Mobilidade descendente

A sociedade em que vivemos sugere de inúmeras formas que o caminho a seguir é ascendente. Chegue ao topo, esteja sob os holofotes, quebre o recorde – é isso que chama atenção e nos leva à primeira página do jornal, oferecendo as recompensas do dinheiro e da fama. A nossa cultura valoriza a "mobilidade ascendente": seguir um caminho seguro na carreira, manter o *status quo*, parecer interessante aos outros, ser bem-sucedido nos negócios, na política, nos esportes, no mundo acadêmico ou até mesmo na prática espiritual.

O "mundo" (no sentido joanino de *mundus*, literalmente, um "lugar escuro") nos sugere, de mil maneiras, que realmente devemos tentar nos tornar o centro das atenções. Devemos lutar para sermos personalidades distintas em destaque na multidão anônima. O nosso sistema educacional nutre isso em nós, assim como a mídia, pois as mensagens que chegam até nós pelos jornais, rádio e televisão reforçam isso. Somos interessantes quando fazemos o que os outros não fazem, dizemos o que os outros não dizem e pensamos o que os outros não pensam. Quando fazemos, dizemos ou pensamos coisas pelo tempo bastante e com a publicidade suficiente, ganhamos medalhas, prêmios, promoções e placas comemorativas. A grande sedução do mundo escuro é, de fato, ser seduzido pelo desejo de se tornar objeto de interesse, em vez de *sujeito* de compaixão.

O caminho de Jesus é radicalmente diferente do espírito do mundo. É o caminho da *mobilidade descendente*. É ir ao fim da linha, ficar por trás do cenário e escolher o último lugar! Por que vale a pena escolher o caminho de Jesus? Porque é o caminho que leva ao reino e o caminho que traz a vida eterna.

Tudo em mim quer se mover para cima. A mobilidade descendente com Jesus é radicalmente contra as minhas inclinações, contra os conselhos do mundo à minha volta e contra a cultura da qual faço parte. Ao escolher ser pobre com os pobres da L'Arche, ainda espero ser reconhecido por tal escolha. Para onde me volto, confronto-me com a minha arraigada resistência a seguir Jesus em seu caminho para a Cruz e minhas inúmeras maneiras de evitar a pobreza, seja ela material, intelectual ou emocional. Só Jesus, em quem a plenitude de Deus vive, poderia escolher de maneira livre e plena ser completamente pobre e humilde.

O grande mistério da Encarnação é como Deus desceu à humanidade e tornou-se um de nós e, depois de estar entre nós, desceu à total negligência de quem é condenado à morte. Em cada momento crítico da sua jornada, Jesus escolheu obedientemente o caminho descendente. No primeiro século do cristianismo, já existia um hino sendo cantado sobre esse caminho descendente de Cristo. Paulo o cita na sua Epístola aos Filipenses (2,5-8) para recomendar ao seu povo a direção descendente na escada da vida. Escreve:

> Dedicai-vos mutuamente a estima que se deve em Cristo Jesus.
> Sendo ele de condição divina,
> não se prevaleceu de sua igualdade com Deus,
> mas aniquilou-se a si mesmo,
> assumindo a condição de escravo
> e assemelhando-se aos homens.
> E, sendo exteriormente reconhecido como homem,
> humilhou-se ainda mais,
> tornando-se obediente até a morte, e morte de cruz.

Aqui se encontra, expresso em termos resumidos, mas muito claros, o caminho do amor de Deus. É um caminho que desce cada vez mais até a maior destituição: a destituição de um criminoso cuja vida lhe é tirada. Como é possível que o caminho descendente de Jesus suscite um novo tipo de comunidade, pautada no amor? É muito importante que você entenda isso de dentro, de forma que o desejo de seguir Jesus em seu caminho descendente possa crescer em você gradualmente.

Deslocamento voluntário

Somos chamados a seguir Jesus pela trilha descendente do ministério e a ir aonde Deus domina, ainda que esse lugar seja "um lugar onde não gostaríamos de ir" (Jo 21,18).

Seguir Jesus envolve deixar o conforto e ir a um lugar fora da nossa zona de conforto. Deslocamento espiritual é o que se faz necessário. O dicionário diz que *deslocar* é "mover-se ou mudar-se do lugar comum ou apropriado". Assim como um navio no mar desloca a água, também somos deslocados quando algo maior que nós nos move em nova direção ou estado de ser. Para que o deslocamento se torne uma verdadeira disciplina, tem de ser voluntário. O deslocamento voluntário nos impede de sermos pegos pela rede do comum e apropriado. A disciplina é essencial para lembrar quem realmente somos e permanecer em contato com nossos maiores dons de gratidão e compaixão.

O deslocamento voluntário desvenda a ilusão de que temos de "chegar ao topo" e oferece um lampejo de uma realidade espiritual mais profunda. Coloca-nos em contato com o nosso próprio sofrimento e dor, nossas próprias feridas e padecimento, nossas próprias limitações e impotência. Enquanto quisermos ser interessantes, distintos, especiais e dignos de reconhecimento especial, somos afastados da profunda percepção de que somos como os outros, que somos parte da raça humana e, em última análise, que não somos diferentes, mas iguais.

A disciplina do deslocamento nos chama para longe do conforto e do oásis fácil. Ser chamado significa estar sempre a caminho, sempre em movimento, sempre buscando, sempre esperando, sempre desejando. A nossa vocação pode exigir a busca de certa carreira. Pode se tornar visível em um emprego ou trabalho concreto. Mas nunca pode se reduzir a isso. Não é a nossa carreira, mas a nossa vocação que conta na vida espiritual. Tão logo começamos a identificar a nossa carreira com a nossa vocação, corremos o risco de acabar em "um lugar comum e apropriado", inconscientes do fato de que as feridas que ainda temos estão nos chamando para continuar a nossa busca em conjunto com os nossos companheiros peregrinos.

Para Thomas Merton, deslocamento significou deixar a universidade e ir para um monastério. Para Martinho Lutero, significou deixar o monastério e tornar-se um reformador. Para Dietrich Bonhoeffer, significou voltar ao seu país, deixando a segurança dos Estados Unidos e tornando-se prisioneiro dos nazistas. Para Martin Luther King, Jr., significou deixar o "lugar comum e apropriado" dos negros e liderar um movimento pelos direitos civis. Para Madre Teresa, significou deixar o convento e fundar uma ordem para cuidar dos "mais pobres dos pobres" em Calcutá. Para Jean Vanier, significou deixar a academia para viver com os deficientes físicos e mentais em L'Arche.

Para muita gente, deslocamento significa perseverar fielmente na sua discreta vida diária, deixando fantasias grandiosas de lado para ser fiel ao seu ministério no mercado. Para outros, significa deixar o trabalho e segurança em um ato voluntário de mobilidade descendente para estar livre para o ministério.

Muitas pessoas não precisam se deslocar. São deslocadas involuntariamente. Para elas, o desafio não é sair do "lugar comum e apropriado", mas transformar as circunstâncias da sua existência em uma vocação. A pergunta que têm de responder é: Como podemos converter nosso deslocamento forçado em algo voluntário? Mas o que quer que deslocamento signifique na vida concreta de um indivíduo, é um pré-requisito necessário para o ministério.

O notável paradoxo do deslocamento e da mobilidade descendente é a criação da comunidade. Quando Francisco de Assis abandonou o seu lugar comum e apropriado na sociedade, rasgou suas roupas e saiu sozinho para viver em uma caverna, desnudou não apenas o seu corpo, mas também as profundas feridas do seu próprio Coração. O seu deslocamento tornou-se uma testemunha da condição humana básica do sofrimento e da necessidade da graça de Deus. Outros foram inspirados a se unir à sua vida de pobreza. Logo a Ordem dos Franciscanos surgiu.

É frequente que, quando alguém se desloca em nome do Reino, uma comunidade profética se forme. Às vezes isso acontece durante as suas vidas (Bento, Francisco, Ignácio, George Fox, John Wesley, Madre Teresa, Irmão Roger). Às vezes acontece depois que morrem (Charles de Foucauld, Dietrich Bonhoeffer, Thomas Merton, Martin Luther King Jr.). Quando o deslocamento nos coloca em contato com a nossa própria condição contundida e permite que nos tornemos presentes aos que sofrem, então a comunidade se torna o primeiro lugar onde os frutos da compaixão se fazem visíveis.

Quando estou na presença do Senhor com mãos vazias, como um servo sem serventia, conscientizo-me da minha dependência básica e da minha profunda necessidade de graça. A oração me ajuda a romper a pretensão de plenitude e "autossuficiência". Convida-me a me ajoelhar, fechar os olhos e estender os braços. Em oração, ouço a voz de Deus me chamando para ir em frente. Encontro meu caminho para casa, descubro a minha vocação para cuidar e ser cuidado em comunidade.

Ministério com outros

Então, como você pode ser útil? Qual é o seu ministério com os outros? Onde deve empregar o seu tempo? Vá até um lugar onde as pessoas sofram, mas não vá sozinho. Vá com aqueles que aprenderam como ser gratos pelo que for bom e ruim na vida. Vá com aqueles que sejam capazes de sentar com os necessitados, ainda que os problemas e a dor persistam. Deixe o seu Coração se romper e confie no exemplo de Jesus de autoesvaziamento para ser preenchido pela força de Deus. Então, você encontrará o Messias no centro de você.

Aprofundando-se: exercícios para direção espiritual

Gosto de pensar na vida espiritual como a rotação de uma roda de carroça: quando corremos ao longo do aro, conseguimos atingir apenas um raio de cada vez, mas quando começamos pelo eixo, entramos em contato com todos os raios ao mesmo tempo e com o aro. O que a roda representa? O eixo significa a comunhão com Deus em nosso coração, conectando-se aos muitos raios da comunidade, em direção ao aro da roda do ministério. Se formos muito ativos em nosso ministério, é provável que estejamos correndo ao redor do aro, tentando alcançar todos ao mesmo tempo, o tempo todo. Mas Deus diz: "Comece no eixo; viva no eixo. Depois, você estará conectado a todos os raios. Ao chegar ao aro, não terá de correr tão rápido".

Discuta algumas das seguintes perguntas com o seu diretor espiritual ou grupo comunitário:

De que maneiras você está tentando servir aos outros a partir do "aro" da roda? O que aconteceria se começasse o seu ministério a partir do "eixo" e incluísse os "raios" ao servir aos outros?

Atualmente, com quem você está em ministério? Qual é o valor de sair "em pares" para servir e partilhar o evangelho?

Se o ministério é o "derramar" de cálices de alegria cheios até a borda, de que maneiras a sua vida está cheia e transbordando de amor pelos outros? De que formas o seu ministério é um dreno para a sua vida espiritual? Como você pode equilibrar a roda da vida e do ministério?

Pergunte a alguém da sua comunidade: "O que você acha que são os meus dons para o ministério?" De que forma a resposta se compara à sua própria avaliação dos seus dons?

Depois de embarcar nesta jornada de direção espiritual, o que você fará agora? Com que disciplinas ou práticas espirituais você se comprometerá na comunidade? Que promessas fará para viver uma vida espiritual plenamente? É comum, na direção espiritual, que os indivíduos se comprometam com uma regra de vida ou um padrão de práticas espirituais. À medida que refletir sobre a própria jornada, deixe-me compartilhar com você as práticas com as quais me comprometi e as promessas que fiz depois de muitos anos de busca espiritual e depois de completar o meu primeiro ano na comunidade L'Arche Daybreak, que se tornou a minha casa espiritual.

***

Em 21 de julho de 1987, celebrei o trigésimo aniversário da minha ordenação como sacerdote. Considerando tudo o que vivi durante o meu primeiro ano em Daybreak, não senti vontade de festejar. Ao contrário, chamei alguns dos membros permanentes da comunidade para rezar comigo, refletir comigo sobre os meus dons e vocação e oferecer-me alguma orientação crítica.

Foi uma experiência dolorosa para mim de muitas maneiras. Tive de enfrentar todas as minhas limitações e deficiências diretamente, compartilhá-las com meus amigos e pedir ajuda a Deus e à comunidade. Mas também foi uma experiência muito vitalizadora. Vendo as minhas deficiências de forma tão clara, aqueles à minha volta ofereceram todo o seu apoio, orientação e amor. Isso me ajudou a torná-las não apenas obstáculos, mas portais para a solidariedade com aqueles que não são capazes de esconder suas deficiências e que formam o centro da nossa comunidade.

Durante essa celebração de aniversário, fiz três promessas para os próximos anos e pedi que a comunidade me ajudasse a ser fiel a elas. Em primeiro lugar, prometi rezar mais. Se, de fato, Jesus é o centro da minha vida, tenho de dar a ele muito mais tempo e atenção. Especialmente, quero rezar a oração de adoração na qual me concentro no amor de Deus, na sua compaixão e na sua misericórdia, e não nas minhas necessidades, nos meus problemas e desejos. Boa parte da minha oração no passado era introspectiva. Sei que, ao passar de reflexões autocentradas à simples adoração, estarei cada vez mais em contato com a realidade de Deus e a realidade do povo de Deus com quem vivo.

Segundo, prometi fazer tudo o que fosse possível para vir a conhecer a minha própria comunidade melhor. Muitos dos membros centrais da comunidade e seus assistentes haviam permanecido estranhos a mim durante o primeiro ano. Os muitos convites para fazer coisas fora da comunidade, assim como a minha tendência a buscar apoio em uma ou duas amizades me impediam de transformar toda a comunidade na minha verdadeira casa. Fazer as refeições em casas diferentes, "perder tempo" com a minha própria gente, conversar, jogar e rezar com eles, e permitir que eles realmente me conheçam, isso requer uma disciplina especial. Requer uma nova maneira de programar meus horários, mais "nãos" às solicitações externas e a forte convicção de que aqueles com quem vivo são a minha verdadeira família. Assim, virei a conhecer Jesus não apenas na solitude da oração, mas também na comunidade de amor.

Finalmente, prometi manter-me escrevendo como parte da minha vocação e ministério. Na vida geralmente cheia de horários de uma comunidade como a Daybreak, é muito difícil encontrar as horas de quietude necessárias para escrever. Ainda assim, o chamado para Daybreak incluía o chamado para continuar escrevendo. Sem escrever, não sou verdadeiramente fiel ao ministério da palavra que me foi dado. É por meio da escrita que a minha vida oculta com Deus e com aqueles com deficiências físicas e mentais pode se tornar uma dádiva à Igreja e ao mundo. Então, cabe a mim comprometer-me com a disciplina de escrever as palavras que emerjam da minha vida de oração em comunidade com os deficientes e seus assistentes. Muito embora seguir Jesus possa vir a ser uma jornada mais oculta, nunca deve se tornar uma jornada privada. Para mim, isso significa comunicar da forma mais honesta possível as dores e júbilos, a escuridão e a luz, a fadiga e a vitalidade, o desespero e a esperança de ir com Jesus a lugares onde eu preferiria não ir. Ao dar palavras a essas experiências íntimas, sou capaz de tornar a minha própria vida disponível aos outros e, assim, tornar-me uma testemunha do Verbo da Vida "que temos ouvido, que temos visto com os nossos olhos, que temos contemplado e as nossas mãos têm apalpado" (1Jo 1,1).

Fico feliz por estar cercado de pessoas que desejam me manter fiel às minhas promessas e por quem desejo ser responsável. Rezo e espero que você também se comprometa com as práticas e disciplinas da vida em comunidade e direção espiritual. O Espírito de Deus nos convida a *nos voltar para o Coração, nos voltar para Deus na Bíblia* e nos *voltar para os outros na comunidade*, para viver as questões no longo caminho da fé.

Reflexão e diário

Como o ministério e o serviço podem acontecer quando estiver descansando e se divertindo com os outros?

Quem na sua comunidade ministra com você e para você?

Que dor e sofrimento você teve de enfrentar na vida que o levaram aonde você está agora? Ministramos um ao outro quando perguntamos e ouvimos a resposta a esta pergunta.

Quando não consegue resolver um problema, como o fato de simplesmente estar presente para alguém que esteja sofrendo ou enfrentando problemas pode ajudar? Você é capaz de aceitar a sua impotência no ministério?

Epílogo
Aonde vou partindo daqui?

Nota do editor: Oferecer e receber direção espiritual era parte regular da vida de Henri. A reflexão sobre a vida espiritual era uma das suas disciplinas centrais e a fonte de muitos dos seus livros. Porém, a sua visão de direção espiritual não era estática. Além dos fundamentos presentes em um artigo que escreveu sobre o tópico, o seu crescente entendimento é revelado em suas notas, discursos e registros em diário durante o último ano da sua vida.

Em Sabbatical Journey *(O último ano sabático de Henri J. M. Nouwen), escrito em seus últimos meses, Henri mais uma vez articula a sua luta de toda a vida para encontrar vocação, intimidade e adesão. Ele também faz novas perguntas sobre a vida espiritual e busca uma nova linguagem para expressar melhor a sua experiência de Deus no longo caminho da fé. Também começa a falar sobre uma quarta categoria de disciplina espiritual. Além das três disciplinas da vida espiritual que ele articulou antes – o Coração, a Bíblia e a Igreja – uma quarta disciplina, a disciplina do corpo, pode ser discernida nas ideias mais recentes de Nouwen. A disciplina do corpo – a necessidade de ouvir a verdade do corpo e "trazer o seu corpo para casa" – desafiava-o a expandir a sua noção de direção e formação espiritual e a ingressar em uma nova espiritualidade da incorporação. Como não desenvolveu esses pensamentos sistematicamen-*

te, não incluímos essa nova orientação no livro. Mas, neste epílogo, apresentamos os pontos amplos da nova formação da espiritualidade de Henri. Também temos sinais de que ele estava lutando para encontrar a parábola e viver as questões de uma espiritualidade incorporada. Ele queria escrever uma história que simplesmente falasse por si mesma. Queria encontrar uma vida que permitisse ao humano e ao divino, ao corpo e ao espírito darem as mãos e ascender.

A trapezista voadora e o trapezista amparador

A trapezista voadora e o trapezista amparador entram no picadeiro e cumprimentam a plateia com sorrisos e movimentos que fazem as suas grandes capas prateadas girarem ao seu redor. Esticam-se pela grande rede e começam a escalar escadas de corda para o alto da grande tenda. A trapezista salta da beira do pedestal, faz uma pirueta e gira livremente no ar, sendo apanhada com segurança pelo amparador [35].

Os *Flying Rodleighs* são trapezistas que se apresentam no circo alemão Simoneit-Barum. Quando o circo veio a Friburgo há alguns anos, meus amigos convidaram meu pai e eu para assistir ao espetáculo. Nunca esquecerei como fiquei encantado ao ver pela primeira vez os Rodleighs moverem-se no ar, voando e amparando uns aos outros como elegantes dançarinos. No dia seguinte, voltei

---

[35] Adaptado da narração de Henri da história de uma transcrição de "Our story, our wisdom" (gravada na Universidade Loyola, 1994), reimpressa em *Our greatest gift* (1994) (*Nossa maior dádiva* – Meditação sobre o morrer e o cuidar. Loyola, 1997).

ao circo para vê-los de novo e me apresentei a eles como um dos seus grandes fãs. Eles me convidaram para assistir aos ensaios, deram-me entradas grátis, convidaram-me para jantar e sugeriram que eu viajasse com eles durante uma semana pela Alemanha.

Certamente fiquei fascinado pelos Rodleighs e queria vê-los se apresentar várias vezes e entrar profundamente em seu mundo. Um dia, estava sentado ao lado de Rodleigh, o líder da trupe, na caravana, falando sobre voar. Ele disse: "Como trapezista, tenho de confiar plenamente no meu amparador. O público pode pensar que eu sou a grande estrela do trapézio, mas a verdadeira estrela é Joe, meu amparador. Ele tem de estar lá com uma precisão de fração de segundo e me apanhar no ar quando vou ao seu encontro em um salto longo". "Como isso funciona?", perguntei. "O segredo," respondeu Rodleigh, "é que o trapezista não faz nada e o amparador faz tudo. Quando voo em direção a Joe, só preciso estender os braços e as mãos e esperar que ele me ampare e me impulsione para cima com segurança".

"Você não faz nada!", eu disse, surpreso.

"Nada," Rodleigh repetiu. "A pior coisa que o trapezista pode fazer é tentar agarrar o amparador. Não devo agarrar Joe. É o trabalho de Joe me amparar. Se eu agarrar os pulsos de Joe, posso quebrá-los, ou ele pode quebrar os meus, e seria o fim de nós dois. O trapezista deve voar e o amparador deve amparar, e o trapezista deve confiar, com os braços estendidos, que o amparador estará esperando por ele".

O que ouvi de Rodleigh tocou algo muito profundo e íntimo em mim. Trouxe de volta ansiedades que tive aos dezessete anos referentes à intimidade, ao relacionamento e à autotranscendência. Conhecer os Rodleighs cativou-me e me colocou em uma nova jornada em direção a uma nova imagem do meu traço de ser amado. A verdadeira vida espiritual, assim eu me conscientizei, é uma vida encarnada que demanda uma nova espiritualidade do corpo. Acreditar na Encarnação – que Deus torna-se carne – é perceber que Deus penetra no corpo, de forma que, ao tocar um corpo, de certa forma você toca a vida divina. Não há vida divina fora do corpo porque Deus decidiu ser um de nós.

Há tanto mais a dizer sobre espiritualidade incorporada e disciplina do corpo, mas ainda não tenho as palavras; apenas tenho perguntas e uma nova orientação. Porém, bem fundo, sinto que algo novo quer nascer: um livro de histórias, um romance, um diário de incorporação espiritual – algo bem diferente do que fiz no passado. Escrever sobre a minha experiência com os Rodleighs exigiria um novo e radical passo em minha vida, que ainda não estou pronto a dar.

Com o passar dos anos, construí uma certa reputação. As pessoas me veem como um padre católico, um escritor espiritual, um membro de uma comunidade com deficientes mentais, um apreciador de Deus e das pessoas. É maravilhoso ter essa reputação. Mas, ultimamente, sinto-me aprisionado e restrito por ela. Sem querer, sinto certa pressão dentro de mim para corresponder a tal reputação e fazer, dizer e escrever coisas que correspondam às expectativas da Igreja Católica, da L'Arche, da minha família, dos meus amigos, meus leitores. Estou preso porque estou sentindo que existe um tipo de pauta que devo seguir para ser fiel.

Novos pensamentos, sentimentos, emoções e paixões surgiram dentro de mim e não estão todos em consonância com os meus pensamentos e sentimentos anteriores. Então, vejo-me perguntando: Qual é a minha responsabilidade pelo mundo à minha volta e qual é a minha responsabilidade por mim mesmo? O que significa ser fiel à minha vocação? Exige que eu seja coerente com a minha forma anterior de viver ou pensar, ou requer a coragem de partir para novas direções, até mesmo se isso desapontar algumas pessoas?

Lembro a mim mesmo que Jesus morreu no início dos trinta anos. Como Jesus teria vivido e pensado se tivesse vivido até os sessenta? Teria desapontado seus seguidores? Não sei. Mas, para mim, muitas novas perguntas e inquietações emergem na minha idade atual que não existiam antes. Por exemplo, o que fazer com a minha vida entre os sessenta e os oitenta anos? Como devo me relacionar com aqueles que não vivam nem creiam como eu? Qual é o lugar dos *gays* na Igreja, dos cristãos evangélicos do mundo e das pessoas comprometidas com outras religiões na eternidade? Quanto mais viajo e encontro outras pessoas cuja visão da vida espiritual difere da minha, mais apren-do e cresço.

Também estou surpreso com o fato de algumas das questões fundamentais que achava ter respondido antes reaparecerem para mim aos sessenta anos: Quem sou eu? Qual é a minha vocação? Como posso trazer o meu corpo para casa? Qual é a melhor forma de lidar com a minha necessidade de intimidade e afeto sendo um padre celibatário?

Como o mais pessoal é o mais universal, sei que você também faz algumas dessas perguntas e luta com questões de vida similares. Questões de identidade, objetivo, chamado, comunidade e ministério continuam a vir à tona com novas urgências em diferentes períodos de nossa vida. Questões de intimidade e sexualidade, envelhecimento e incorporação são comuns à vida espiritual. Recomendo a você, assim como lembro a mim, que viva as questões profundamente, sabendo que você e eu somos amados de Deus.

À medida que continuo a rezar e escrever e ser fiel a Deus e à comunidade à qual sirvo, quero ser livre o suficiente para viver as questões da vida espiritual sem temer as consequências. Sei que não sou completamente livre, porque o medo ainda existe. Sei que alcançar uma nova integração de solitude, intimidade e criatividade está muito longe de mim. Enquanto isso, há três coisas que são de extrema importância para mim agora: viver uma visão inspirada pelo Evangelho de Jesus; estar perto dos pobres, deficientes, enfermos e moribundos; e encontrar uma forma de satisfazer o profundo anseio por intimidade, afeto e autotranscendência que ressurgiram em mim na minha amizade com os Flying Rodleighs.

Enquanto assisto aos Rodleighs voando e amparando sob a grande lona, flagro-me chorando. A coreografia é elegante, há muitas surpresas maravilhosas e toda a apresentação transmite muita energia. Como a lona do circo é íntima! Apesar de ter visto os Flying Rodleighs durante cinco anos e comparecido a dezenas dos seus espetáculos, eles nunca me entediaram. Sempre há algo novo, original, recente. Enquanto os vejo no ar, sinto a mesma emoção profunda de quando os vi pela primeira vez com o meu pai, em 1991. É difícil descrever, mas é a emoção vindo de uma experiência de espiritualidade encarnada – corpo e espírito plenamente unidos. O corpo em sua beleza e elegância expressa o espírito de amor, amizade e comunidade, e o espírito nunca deixa o aqui e agora do corpo. Quero viver confiando no amparador.

Apêndices

1
Vivendo as perguntas
Dez parábolas de Henri Nouwen

Pergunta	**Parábola**[36]
Quem responderá às minhas perguntas?	"O Mestre Zen" (25)
Onde começo?	"O leão dentro do mármore" (39)
Quem sou eu?	"O fugitivo e o rabino" (51)
Onde estive e aonde vou?	"A história de Deus sobre Adam" (66)
O que é oração?	"Três monges em uma ilha" (83)
Quem é Deus para mim?	"Os quatro cegos e o elefante" (101)
Como ouço a palavra?	"Palavra e sabedoria" (117)
Pertenço a onde?	"Escuridão e aurora" (143)
Como posso ser útil?	"Onde encontrar o Messias?" (165)
Aonde vou partindo daqui?	"A trapezista voadora e o trapezista amparador" (188)

---

[36] Os números entre parênteses indicam o número da página na qual cada parábola é citada.

2
Como encontrar um diretor espiritual

Rebecca J. Laird

Encontrar um diretor espiritual começa com a oração. A maioria das pessoas começa procurando em um catálogo, telefonando a um centro local de retiros ou pedindo referências a ministros e padres. Esses passos são necessários e úteis, mas o verdadeiro lugar por onde começar é convidar Deus como guia. Talvez a minha história lhe dê pistas sobre como começar.

Quando soube pela primeira vez em um curso de um seminário sobre a história da espiritualidade cristã a respeito de "diretores espirituais", imediatamente percebi que precisava encontrar um. Estava na casa dos vinte anos, enfrentando lutas pessoais e tentando entender o meu próprio chamado vocacional. Era uma aluna protestante assistindo às aulas de um seminário católico para preencher as lacunas que tinha sobre a tradição espiritual cristã antes da Reforma e não tinha ideia de como começar a procurar. Observei uma religiosa da Igreja Metodista Unida em minhas aulas que demonstrava sabedoria nas perguntas, então eu timidamente a convidei para tomar um café comigo depois da aula.

À medida que conversávamos, esta alma sábia, cujo nome era Bárbara, revelou ter sido treinada em direção espiritual, mas estava em período sabático. Porém, ela gostaria de sugerir alguém. Para me conhecer melhor, fez algumas perguntas: "O que a atrai para a direção espiritual? Que qualidades em um indivíduo a deixam à vontade para compartilhar a sua vida espiritual? Conte-me um pouco sobre a sua jornada espiritual e como chegou aonde está hoje. Onde mora e com que frequência consegue reservar tempo para a direção espiritual?" Pedimos a Deus para guiá-la quando considerasse os seus contatos e para Deus me conceder um coração aberto àquele a quem Ele me guiasse. Combinamos de nos encontrar de novo na próxima semana, depois da aula.

Durante toda a semana, rezei para estar aberta, mas o rosto da própria Bárbara insistia em aparecer quando eu parava para pedir a condução de Deus. Suspeitei, já que não conhecia ninguém que oferecesse direção espiritual, que eu estivesse simplesmente sugestionada. Mas a atração persistia. Quando nos encontramos na semana seguinte, eu estava nervosa. Não sabia como dizer em voz alta que queria que ela fosse a minha diretora espiritual. Sabia que ela estava em período sabático e guardando o seu tempo corretamente. Como Deus estava no comando, eu não tinha de criar coragem. Ela olhou para mim e disse, com um olhar transtornado: "Olhei a minha lista de colegas, mas senti o toque de Deus para que eu me oferecesse como diretora para você". Quase chorei de gratidão. Ela arranjou espaço e tempo para mim e começamos uma relação de direção espiritual. Ela me disse que era um presente que escolhia me dar, assim como outros o deram a ela gratuitamente. Não seria cobrado financeiramente.

Durante muitos anos, ela me recebeu em seu escritório. Explorávamos as questões da vida, é óbvio. Como tinha mais ou menos vinte anos, questões de sexualidade, intimidade e autoconsciência nunca saíam de vista. Não teria sido capaz de ver isso na época, mas, recordando, lembro de trabalhar principalmente com as perguntas: "Quem sou eu?" e "A quem pertenço?"

Uma vela estava sempre acesa; um bule envolvido por uma capa térmica estava quente e pronto para ser servido. Bárbara ouvia, incentivava, desafiava, amava e rezava por mim e comigo. Ela me ensinou a sentar em silêncio. Frequentemente me perguntava sobre a qualidade, quantidade e conteúdo das minhas preces. Um presente. Quando me disse que ia se mudar, senti-me como uma ave recém-emplumada pronta para testar as minhas asas, mas sabia que sentiria saudade da sua bondade e amizade, e senti.

Alguns anos depois, uma crise de fé iniciada por um terrível crime obrigou-me a voltar à direção espiritual. Desta vez, eu simplesmente aterrissei na porta de um centro de retiros; a uma hora de casa, era um lugar que eu havia frequentado em retiros pessoais. A irmã responsável pela direção espiritual me entrevistou e procurou alguém correspondente. Segui o seu conselho e encontrei Meg, uma leiga católica treinada, em um local próximo à minha casa. Ela não tinha um honorário determinado, mas pedi para contribuir com o aluguel do espaço que usava e fazer outras doações que desejasse. A igreja onde nos encontrávamos mantinha uma conta aberta para ela. Ela nunca sabia quem dava quanto. Era uma questão de fé, mas ela deixou claro que alguma contribuição monetária era essencial.

Meg chegava aos encontros em cima da hora. Esquecia os fósforos para as velas. Gargalhava com gosto das estranhezas da vida.

Às vezes cancelava ou remarcava as aulas, como eu fazia, mas como entendia o terreno da alma! Ela refletia o que ouvia e ligava a minha vida à grande história da Bíblia. Era ótima para explorar sonhos. Quando lágrimas vinham aos meus olhos e eu queria falar sobre a dor, ela me fazia sentar sem palavras e simplesmente sentir a dor. Ela servia como uma guardiã do meu espírito, já que aprendi a sentir Deus em meio ao caos e confusão dos meus medos. Com certeza, Deus começou a me curar e falar de novo comigo por meio de Meg. Nós nos concentrávamos muito na questão vital: "Quem é Deus para mim?" O Deus que eu compreendia na infância não me parecia mais viável em face da grande violência. Eu tinha de expandir a minha visão de Deus; a minha antiga versão era muito pequena.

Desta vez, fui eu que me mudei e terminei o relacionamento de direção. Como senti saudade de Meg depois que deixei o país! A minha alma estava estável em Deus, mas como sentia saudade das companhias da minha terra!

Passei muitos anos cuidando dos meus filhos pequenos. Não tinha liberdade, tempo nem energia para me encontrar regularmente com alguém. Era nova naquela área e tampouco sabia por onde começar. Um dia, enquanto conversava com Gary, um amigo da igreja, ele disse que queria começar um grupo de orações. Pensamos em convidar oito pessoas para o grupo. Gary e Lisa, Jeff e Julie, John e Sally, Michael e eu concordamos em nos reunir mensalmente. O que transpirava, viemos a entender, era uma direção espiritual em grupo. Abríamos o nosso coração com uma música, a Bíblia ou uma leitura inspiradora, depois, um por um, expúnhamos as nossas almas; aqueles que queriam responder o faziam. Guiávamos uns aos outros em assuntos de parto, câncer, disputas conjugais, lucros e perdas financeiras, e testemunhávamos a obra do Espírito Santo na vida de cada um. Com o passar dos anos e mudanças, o nosso grupo se transformou em uma sólida amizade. Não moramos mais perto, mas nos reencontramos regularmente por diversão e pelo profundo prazer que perdura entre amigos espirituais.

Recentemente, voltei à direção formal. Depois de viver no Leste por anos, agora sei onde ficam os recursos espirituais e centros de retiros. Telefonei para um deles e fui encaminhada a uma irmã episcopal. Depositei o meu cheque de doação para ajudar o centro de retiros em uma caixinha de madeira. Neste momento, a direção é menos estruturada e acho que, a esta altura da vida, a minha necessidade de direção e o que recebo da minha diretora se relacionam menos com a minha relação com ela e mais com as minhas reflexões sobre a minha vida espiritual antes dos nossos encontros. Depois dos encontros, tento parar de caminhar no labirinto e rezar conforme ando no ponto onde me encontro na jornada da fé. Saber que alguém me perguntará sobre a minha vida espiritual e não me deixará divagar nem ficar no patamar das intenções me fortalece. Quando me dirijo ao claustro, todas as fibras do meu ser parecem saber que chegou a hora espiritual. Nada mais interfere por um tempo. A minha alma suspira aliviada, não importa o que estiver acontecendo na minha vida.

Nas últimas décadas, também passei muito tempo ocupando o lugar de diretora espiritual. Não há alegria maior para mim. Após terminar o seminário, matriculei-me em um curso de especialização em direção espiritual e, como se fosse por algum sinal divino, as pessoas, a maioria lutando com chamados vocacionais ao ministério, começaram a me procurar.

Todas as vezes em que recebo um telefonema pedindo in-formações sobre direção espiritual, marco um primeiro encontro para esclarecer as expectativas e conhecer. Peço a todos que rezem sobre o assunto no mínimo durante uma semana. Em várias ocasiões, senti claramente que eu e o candidato não devemos continuar. Em outras ocasiões, a semana de oração levou o candidato a procurar em outros lugares. Nesses casos, recomendei o candidato a outra pessoa com uma oração de bênção. Quando Deus faz a correspondência claramente, pelos seus bons motivos, combinamos de nos encontrar regularmente durante alguns meses e depois fazer uma reavaliação. Tipicamente, encontro com apenas uma ou duas pessoas regularmente e a maioria das relações dura dois ou três anos. A maioria vem ao meu escritório uma ou duas vezes por mês. Às vezes trocamos *e-mails*. Uma jovem pediu orientação por *e-mail*, a qual suplementamos com longos telefonemas. Outro vinha de longe trimestralmente e escrevíamos cartas entre as visitas. O modo difere, mas o foco é buscar a atividade de Deus em meio às questões da vida. A prática de disciplinas espirituais – diários, leitura da Bíblia, buscar Deus na comunidade, serviço e orações diárias – e a aceitação da responsabilidade espiritual formam o alicerce da relação.

Você está procurando um diretor espiritual? Comece rezando. Também inclua conversas com o clérigo ou líderes religiosos da sua região. Listas de centros de retiros locais e agências de diretores espirituais regionais estão disponíveis *on line* na *Spiritual Direction International*, em www.sdiworld.org

Diretores espirituais *on line* disponíveis via *e-mail* e telefonemas e que estão vinculados à obra de Henri Nouwen estão listados na *Sociedade Henri Nouwen*: www.henrinouwen.org

Creia que Deus guiará você. Afinal de contas, é o Espírito de Deus que guia e faz a verdadeira direção; o diretor simplesmente está aí para ser o amigo de Deus e o seu amigo no processo.

Leituras extras

Livros de Henri J.M. Nouwen

Adam: God's beloved. Orbis, 1997 (*Adam*: o amado de Deus. Paulinas, 1993).

Aging: The fulfillment of life. Doubleday, 1974 (*Envelhecer*: a plenitude da vida. Paulinas, 1998).

Behold the beauty of the Lord: Praying with icons. Ave Maria Press, 1987 (*Contempla a face do Senhor*: Orar com ícones. Loyola, 2001).

Beyond the mirror: Reflections on death and life. Crossroad, 1990.

Bread for the journey: A daybook of wisdom and faith. HarperCollins, 1997 (*Pão para o caminho*. Loyola, 1999).

Can you drink the cup? The challenge of the spiritual life. Ave Maria Press, 1996 (*Podeis beber o cálice?* Loyola, 2002).

Clowning in Rome: Reflections on solitude, celibacy, prayer, and contemplation. Doubleday, 1979 (*Pobres palhaços em Roma* – Reflexões sobre solidão, celibato, oração e contemplação. Vozes, 1997).

Compassion: a reflection on the christian life. Doubleday, 1982.

Creative ministry: Beyond professionalism in teaching, Preaching, Counseling, Organizing, and Celebrating. Doubleday, 1971.

A Cry for Mercy: Prayers from the Genesee. Doubleday, 1981.

Encounters with Merton. Crossroad, 2004.

Finding My Way Home: Pathways to Life and the Spirit, publicado com prefácio de Sue Mosteller. Crossroad, 2001.

The Genesee Diary: Report from a Trappist Monastery. Doubleday, 1976.

Gracias! A Latin American Journal. Harper & Row, 1983.

Heart Speaks to Heart: Three Prayers to Jesus. Ave Maria Press, 1989 (*De Coração a coração*: três orações ao Coração de Jesus. Loyola, 2001).

Here and Now: Living in the Spirit. Crossroad, 1995.

In Memoriam. Ave Maria Press, 1980 (*In Memoriam*. Loyola, 2001).

The Inner Voice of Love: A Journey Through Anguish to Freedom. Doubleday, 1996 (*A voz interior do amor*. Paulinas, 1999).

In the Name of Jesus: Reflections on Christian Leadership. Crossroad, 1989.

Intimacy: Pastoral Psychological Essays. Fides Publishers, 1969 (*Intimidade*. Loyola, 2001).

Jesus and Mary: Finding Our Sacred Center. Saint Anthony Messenger Press and Franciscan, 1993.

A Letter of consolation. Harper & Row, 1982 (*Uma carta de consolação*. Cultrix, 1984).

Letters to Marc about Jesus. Harper Collins, 1988 (*Cartas a Marc sobre Jesus*. Loyola, 1999).

Life of the beloved: Spiritual living in a secular world. Crossroad, 1992.

Lifesigns: Intimacy, fecundity, and ecstasy in christian perspective. Doubleday, 1986 (*Fontes de vida*: acolhimento, fecundidade e êxtase numa perspectiva cristã. Vozes, 1997).

The living reminder: Service and Prayer in Memory of Jesus Christ. Seabury, 1977 (*Memória viva*: apostolado e oração em memória de Jesus Cristo. Loyola, 2001).

Love in a fearful land: A Guatemalan story. Orbis, 2006.

Making all things new: An invitation to the spiritual life. Harper Collins, 1981 (*Renovando todas as coisas*: um convite à vida espiritual. Cultrix, 1984).

Ministry and spirituality: Three books in one. Continuum, 1996.

Our greatest gift: A meditation on dying and caring. Harper Collins, 1994 (*Nossa maior dádiva*: meditação sobre o morrer e o cuidar. Loyola, 1997).

Out of solitude: Three meditations on the christian life. Ave Maria Press, 1974 (*O fruto da solidão*. Loyola, 2000).

The Path of Waiting, The Path of Freedom, The Path of Power e *The Path of Peace*. Crossroad, 1995 (*Estrada para a paz*. Loyola, 2001).

Peacework: Prayer Resistance Community. Orbis, 2005.

Reaching Out: The three movements of the spiritual life. Doubleday, 1975 (*Crescer*: Os três movimentos da vida espiritual. Paulinas, 2001).

The return of the prodigal son. Doubleday, 1992 (*A volta do filho pródigo*. Paulinas, 1999).

The road to daybreak: A spiritual journey. Doubleday, 1988 (*O caminho para o amanhecer*. Paulinas, 1999).

Sabbatical Journey: The final year. Crossroad, 1997 (*O último ano sabático de Henri J.M. Nouwen*. Loyola, 2003).

Show Me the Way. Crossroad, 1994.

Spiritual journals: Three books in one. Continuum, 1997.

Walk with Jesus: Stations of the cross. Orbis, 1990.

The way of the Heart: Desert spirituality and contemporary ministry. Seabury, 1981 (*Espiritualidade do deserto e o ministério contemporâneo*. Loyola, 2000).

With burning Hearts: A meditation on the Eucharistic Life. Orbis, 1994 (*Corações ardentes*. Vozes, 1994).

With open hands. Ave Maria Press, 1972.

The wounded healer: Ministry in contemporary society. Doubleday, 1972 (*O sofrimento que cura*. Paulinas, 2001).

Compilações selecionadas e volumes publicados por e sobre Henri J.M. Nouwen

FORD, Michael, (org.). *Eternal Seasons*: A Liturgical Journey with Henri J.M. Nouwen. Sorin Books/Darton, Longman & Todd, 2004.

FORD, Michael, (org.). *The Wounded Prophet*: A Portrait of Henri J.M. Nouwen. Doubleday, 1999.

GREER, Wendy Wilson, (org. e comp.). *The Only Necessary Thing* – Living a Prayerful Life: Selected Writings of Henri J.M. Nouwen. Crossroad, 1999.

IMBACH, Jeff, (org.). *Words of Hope and Healing*: 99 Sayings. New City Press, 2005.

JONAS, Robert A., (org.). *Henri Nouwen*: Writings. Orbis Books, 1998.

JONES, Timothy, (org. e comp.). *Turn My Mourning into Dancing*: Finding Hope in Hard Times. W Publishing Group/Thomas Nelson, 2001 (*Transforma meu pranto em dança*: cinco passos para sobreviver à dor e redescobrir a felicidade. Rio de Janeiro: Thomas Nelson, 2007.)

LAIRD, Rebecca ; CHRISTENSEN, Michael J., (orgs.). *The Heart of Henri Nouwen*: His Words of Blessing. Crossroad, 2003.

LANOUE, Deirdre. *The Spiritual Legacy of Henri Nouwen*. Continuum, 2000.

MOSTELLER, Sue, (org.). *Finding My Way Home*: Pathways to Life and the Spirit. Crossroad, 2001.

O'LAUGHLIN, Michael. *God's Beloved*: A spiritual biography. Orbis, 2004.

O'LAUGHLIN, Michael, (org.). *Jesus*: A Gospel, por Henri J. M. Nouwen. Orbis, 2004.

_____ *Henri Nouwen*: His life and vision. Orbis, 2005.

PORTER, Beth, (org.), com BROWN, Susan M.S. e COULTER, Philip. *Befriending Life*: Encounters with Henri Nouwen. Doubleday, 2001.

Livros sobre direção espiritual recomendados por Henri Nouwen

Aelred of Rievaulx. *Spiritual Friendship*. Cistercian, 2005.

Anônimo. *The Way of Pilgrim*. Image, 1978 [Tradução de Helen Bacovcin].

CAUSSADE, Jean Pierre de. *The Sacrament of the Present Moment*. HarperSan-Francisco, 1989.

DEMELLO, Anthony. *Sadhana: A Way to God*: Christian Exercises in Eastern Form. Image, 1984.

DOYLE, Charles. *Guidance in Spiritual Direction*. Mercer Press, 1958.

EDWARDS, Tilden. *Spiritual Friend*: Reclaiming the Gift of Spiritual Direction. Paulist Press, 1980.

FOSTER, Richard. *Celebration of Discipline*: The Path to Spiritual Growth. Harper & Row, 1978.

ISABELL, Damien. *The Spiritual Director*: A Practical Guide. Franciscan Hearld Press, 1975.

LAPLACE, Jean. *Preparing for Spiritual Direction*. Franciscan Hearld Press, 1975.

LEECH, Kenneth. *Soul Friend*: A Study of Spirituality. Sheldon Press, 1977.

MERTON, Thomas. *Spiritual Direction and Meditation*. Liturgical Press, 1960.

_____ *The Wisdom of the Desert*: Sayings from the Desert Fathers of the Fourth Century. Shambhala, 2004 (*A sabedoria do deserto*. Martins Fontes, 2004).

MOTTOLA, Anthony, (trad.) *The Spiritual Exercises of St. Ignatius*. Doubleday, 1964.

RAHNER, Karl. *Spiritual Exercises*. Herder and Herder, 1965.

SCHNEIDERS, Sandra M. *Spiritual Direction*: Reflections on a Contemporary Ministry. National Sisters Vocational Conference, 1977.

STEINDL-RAST, Irmão David. *Gratefulness, the Heart of Prayer*: An Approach to Life in Fullness. Paulist Press, 1984.

D'ÁVILA, Teresa. *The Way of Perfection*. Image, 1991 (*Caminho de Perfeição*. Paulus Editora, 1979).

VAN KAAM, Adrian. *The Dynamics of Spiritual Self-Direction*. Dimension Books, 1976.

WRIGHT, Wendy M.; POWER, Joseph F., (orgs.). *Frances de Sales, Jane de Chantal*: Letters of spiritual direction. Paulist Press, 1988 [Tradução de Peronne Marie Thibert, com prefácio de Henri J.M. Nouwen].

Livros sobre vida espiritual recomendados por Henri Nouwen

ATANÁSIO. *The Life of St. Anthony*. Vol. 10 Newman Press, 1978 [Tradução de Robert Meyer. *Ancient Christian Writers*].

BLOOM, Anthony. *Beginning to Pray*. Paulist Press, 1970.

BONHOEFFER, Dietrich. *Life Together*. Harper & Row, 1954 (*Vida em comunhão*. Sinodal).

BOUYER, Louis. *A History of Christian Spirituality*. Seabury Press, 3 vols., 1969.

CHARITON OF VALAMO, Igumen, (org.). *The Art of Prayer*: An Orthodox Anthology. Faber and Faber, 1966.

ECKHART, Meister. *Treatises on the Love of God*. Harper & Row, 1968.

FOX, Matthew. *On Becoming a Musical Mystical Bear*: Spirituality American Style. Paulist Press, 1972.

_____ *Western Spirituality*. Claretian, 1979.

HUECK DOHERTY, Catherine de. *Poustinia*: Christian Spirituality of the East for Western Man. Ave Maria Press, 1975.

CRUZ, São João da. *The Ascent of Mount Carmel*. Paraclete Press, 2002 (Subida do Monte Carmelo. In: _____. *Obras completas de São João da Cruz*. Vozes, 2002).

_____ *Dark Night of the Soul*. Tradução de Mirabai Starr. Riverhead, 2003 (Noite escura. In: _____. *Obras completas de São João da Cruz*. Vozes, 2002).

JOHNSTON, William. *The Mysticism of the Cloud of Unknowing*, com prefácio de Thomas Merton. Desclée, 1967.

NORWICH, Julian de. *The Revelations of Divine Love*. Tradução de Elizabeth Spearing, com introdução e notas de A.C. Spearing. Penguin, 1999.

KADLOUBOVSKY, E., (trad.). *Early Fathers from the Philokalia*. Faber and Faber, 1954.

KADLOUBOVSKY, E. & PALMER, G.E.H., trad. *Writings from the Philokalia*: On prayer of the Heart. Faber and Faber, 1992.

LAWRENCE, Irmão. *The Practice of the Presence of God*. Revell, 1885.

MALONEY, George. *Breath of the mystic*. Dimension Books, 1974.

McNEILL, John. *A History of the Cure of Souls*. Harper & Row, 1951.

MERTON, Thomas. *Contemplative Prayer*. Herder and Herder, 1969.

_____ *Contemplation in a World of Action*. Doubleday, 1971.

PENNINGTON, Basil. *Daily We Touch Him*. Doubleday, 1977.

TEILHARD DE CHARDIN, Pierre. *Hymn of the Universe*. Harper & Row, 1963 (*Hino do universo*. Paulus).

WARD, Benedicta, (trad.). *The Sayings of the Desert Fathers*. Mowbray & Co., 1975.

WARE, Kallilstos. *The Orthodox Way*. St. Vladimir's Seminary Press, 1995.

WOLFF, Pierre. *May I Hate God?* Paulist Press, 1979.

Fontes originais e anotações

Introdução – Direção espiritual

"Spiritual Direction" (*Reflections*, Yale Divinity School, 1981) é o único artigo publicado de Nouwen sobre o assunto. Posteriormente foi reimpresso em *Worship* (1981) e *The Word* (1982) e extraído em *Henri Nouwen: In My Own Words*, revisto por Robert Durback (2001). Essa versão integrada e revista fornece o material principal para esta introdução e para a estrutura do livro em geral.

"Moving from Solitude to Community and Ministry", *Leadership* (Primavera de 1995).

"Parting Words: An Interview with Rebecca Laird", *Sacred Journey* (setembro de 1996).

Excertos de *Clowning in Rome: Reflections on Solitude, Celibacy, Prayer, and Contemplation* (1979) (*Pobres palhaços em Roma* – Reflexões sobre solidão, celibato, oração e contemplação. Vozes, 1997), *Life of the Beloved*: Spiritual Living in a Secular World (1992), *Making All Things New*: An Invitation to the Spiritual Life (1981) (*Renovando todas as coisas*: um convite à vida espiritual. Cultrix, 1984) e *Letters to Marc About Jesus* (1988) (*Cartas a Marc sobre Jesus*. Loyola, 1999).

1. Quem responderá às minhas perguntas?

O ponto central deste capítulo é uma versão revista de "Living the Questions: The Spirituality of the Religion Teacher", *Union Seminary Quarterly Review* (outono de 1976). O material adicional é incluído e adaptado da versão inédita de "Spiritual Formation in Theological Education" (1978 ou 1979).

Os excertos adicionais são adaptados de *Here and Now*: Living in the Spirit (1995) e *Reaching Out*: The Three Movements of the Spiritual Life (1975) (*Crescer* – Os três movimentos da vida espiritual. Paulinas, 2001).

2. Onde começo?

O conteúdo principal deste capítulo é adaptado de "Spiritual Direction" (*Reflection*, Yale Divinity School, 1981) e do artigo e entrevista de Todd Brennan, "A Visit with Henri Nouwen", *The Critic* (Verão de 1978).

Excertos adicionais são adaptados de *Reaching Out* (1975) (*Crescer*. Paulinas, 2001) e *Clowning in Rome* (1979) (*Pobres palhaços em Roma*. Vozes, 1997).

3. Quem sou eu?

O principal conteúdo deste capítulo é consolidado e adaptado de "Parting Words" (1996) e "Being the Beloved", um sermão proferido por Henri na Catedral Crystal, para o programa de televisão *Hour of Power*, em 23 de agosto de 1992, e publicado em *Henri Nouwen: Writings*, revisto por Robert A. Jonas (1998). O conteúdo está publicado na íntegra e de forma mais polida em *Life of the Beloved* (1992).

Excertos adicionais são adaptados de "Generation Without Fathers", *Commonweal* (junho de 1970) e *Reaching Out* (1975) (*Crescer*. Paulinas, 2001).

4. Onde estive e aonde vou?

"God's Story of Adam" é o prólogo inédito de Nouwen do seu livro publicado *Adam: God's Beloved* (1996) (*Adam, o amado de Deus*. Paulinas). Ao publicá-lo aqui pela primeira vez, esperamos ilustrar a convicção de Henri de que somos amados com um amor eterno antes de nascermos e depois de morrermos. Agradecemos a Virginia Hall Birch, que digitou o manuscrito original de *Adam* para Henri e ao Henri Nouwen Literary Trust por permitir a inclusão de "God's Story of Adam" neste capítulo. "Two Voices" e "My Life with Adam" são adaptados de "Finding Vocation in Downward Mobility", *Leadership* II, n. 3 (Verão de 1990), p. 60-61.

"My History with God" e "Guidelines for Presenting Our Sacred History" são materiais inéditos de cursos preparados por Henri para uma aula ministrada na Regis College, em Toronto (em 1994) e na L'Arche Daybreak, em 1990. Os excertos de "My History with God" foram incluídos em *Road to Peace*, revisto por John Dear, S.J. (1998) (*Estrada para a paz*. Loyola, 2001).

Excertos adicionais são retirados de *Finding My Way Home: Pathways to Life and the Spirit*, revisto por Sue Mosteller (2001).

5. O que é oração?

O núcleo deste capítulo é adaptado de *Clowning in Rome* (1979) (*Pobres palhaços em Roma*. Vozes, 1997). Excertos adicionais são incorporados de fontes similares, incluindo:

Prefácio de Nouwen em *May I Hate God?*, de Pierre Wolff (Paulist Press, 1979).

"Prayer as Listening", palestra ministrada em "A Conference on Prayer", Woodland Park Community of Celebration, 23 de junho de 1980.

"Prayer and Ministry" (entrevista), *Sisters Today* 48, n. 6 (fevereiro de 1977).

"Unceasing Prayer", *America* (julho de 1978).

"Prayer and Health Care", uma gravação sonora da palestra de Nouwen na 75ª Assembleia de Saúde Católica Anual, de 10 a 13 de junho de 1990, em Washington, D.C. Catálogo da "Catholic Health Assembly" número CHA-603.

A prece que termina o capítulo é de *A Cry for Mercy: Prayers from the Genesee* (1981).

6. Quem é Deus para mim?

A conversa de Nouwen com o Abade John Eudes Bamberger está registrada na anotação de 12 de agosto de 1974 em *The Genesee Diary* (1976).

"Deus está conosco" é adaptado de *Compassion: A Reflection on the Christian Life* (Doubleday, 1982).

"Deus é pessoal" é adaptado de *The Return of the Prodigal Son* (1992) (*A volta do filho pródigo*. Paulinas, 1999). Nouwen também escreve sobre a "paternidade" e a "maternidade" pessoais de Deus em "The Vulnerable God", *Weavings* (julho-agosto de 1993) e nas anotações de 11 e 12 de junho de *Bread for the Journey: A Daybook of Wisdom and Faith* (1997) (*Pão para o caminho*. Loyola, 1999).

Nouwen escreve sobre Deus estar oculto e o mistério da ausência e presença de Deus principalmente em *Creative Ministry: Beyond Professionalism in Teaching, Preaching, Counseling, Organizing, and Celebrating* (1971) e em *Reaching Out* (1975) (*Crescer* – Os três movimentos da vida espiritual. Paulinas, 2001) e *Clowning in Rome* (1979) (*Pobres palhaços em Roma*. Vozes, 1997).

Excertos adicionais são extraídos de *The Living Reminder: Service and Prayer in Memory of Jesus Christ* (1977) (*Memória viva* – Apostolado e oração em memória de Jesus Cristo. Loyola, 2001), *Clowning in Rome* (1979) (*Pobres palhaços em Roma*. Vozes, 1997), *Making All Things New* (1981) (*Renovando todas as coisas*: um convite à vida espiritual. Cultrix, 1984) e *The Genesee Diary* (1976).

"Deus está nos buscando" é adaptado de *The Return of the Prodigal Son* (1992) (*A volta do filho pródigo*. Paulinas, 1999).

Henri apresentou a meditação dirigida "Pare e reconheça" como parte de uma série de meditações do Advento na Yale Divinity School, em 7 de novembro de 1979.

A oração de encerramento é de 15 de abril, em *A Cry for Mercy* (1981).

7. Como ouço a Palavra?

As três citações sobre os sentidos variados de *palavra* são de *Desert Wisdom*, de Yushi Nomura (Doubleday, 1982), p. 14, 38, 39, no qual Nouwen escreveu a introdução.

Grande parte do material deste capítulo é consolidada e adaptada de fontes inéditas, incluindo "Intro to the Spiritual Life" (Anotações de palestras em Harvard, 1985), "Theology as Doxology" e "Spiritual Formation in Theological Education" (ca 1970-1978). "Theology as Doxology" foi finalmente publicado como o capítulo 5 de *Caring for the Commonweal*: Education for Religious and Public Life, revisto por Parker J. Palmer, Barbara G. Wheeler e James W. Fowler (1990).

Excertos das seguintes obras publicadas são adaptados e incorporados a este capítulo: *The Way of the Heart: Desert Spirituality and Contemporary Ministry* (1981) (*Espiritualidade do deserto e o ministério contemporâneo*. Loyola, 2000), *Reaching Out* (1975) (*Crescer* – Os três movimentos da vida espiritual. Paulinas, 2001), *Making All Things New*

(1981) (*Renovando todas as coisas*: um convite à vida espiritual. Cultrix, 1984), *With Burning Hearts*: A Meditation on the Eucharistic Life (1994) (*Corações ardentes*. Vozes, 1994), "Spiritual Direction" (1981), *Letters to Marc About Jesus* (1988) (*Cartas a Marc sobre Jesus*. Loyola, 1999) e *Bread for the Journey* (1997) (*Pão para o caminho*. Loyola, 1999).

A história da carta ao soldado é do sermão de Henri intitulado "Renewed in the Spirit of Your Mind", Short Collected Sermons and Meditations, 1960-1975.

A prece de encerramento é de *A Cry for Mercy* (1981).

8. Pertenço a onde?

O material principal deste capítulo é adaptado de "Moving from Solitude to Community and Ministry", em *Leadership* (primavera de 1995).

Adaptações de três entrevistas publicadas são incorporadas a este capítulo:

"Como encontrei meu caminho para casa" é de "Faces of Faith", uma entrevista com Arthur Boers, *The Other Side* (setembro-outubro de 1989); "A vida comum em comunidade" é adaptada do artigo e entrevista "A Visit with Henri Nouwen", de Todd Brennan, *The Critic* (verão de 1978); a história da desestruturação emocional de Henri é parte de *Parting Words:* A Conversation with Henri Nouwen, uma entrevista com Rebecca Laird, *Sacred Journey* (setembro de 1996).

Material adicional é incorporado de "Some Reflections on Priestly Formation" (manuscrito inédito, ca 1987), *Bread for the Journey* (1997) (*Pão para o caminho*. Loyola, 1999), *The Return of the Prodigal Son* (1992) (*A volta do filho pródigo*. Paulinas, 1999), *Finding My Way Home* (2001) e duas anotações de diário (9 de setembro e epílogo) de *Road to Daybreak* (1988).

"Sugestões para construção de comunidade" é adaptado de "Some Suggestions for the Small Groups", de Henri, desenvolvido como um material de apoio para a sua aula de formação espiritual em Harvard (1984).

9. Como posso ser útil?

Este capítulo é uma versão revista de "Moving from Solitude to Community and Ministry", *Leadership* (primavera de 1995) combinada com *Parting Words*: A Conversation with Henri Nouwen, uma entrevista com Rebecca Laird, *Sacred Journey* (setembro de 1996).

A história do humor espontâneo de Bill foi extraída da transcrição inédita de uma palestra, "An Evening with Henri Nouwen" (Igreja de St. James, Nova York, 1993) e de *In the Name of Jesus*: Reflections on Christian Leadership (1989).

"Gratidão e compaixão" é adaptado de "Parting Words" e "Care and Ministry".

"Mobilidade descendente e deslocamento voluntário" é adaptado de "Disappearing from the World", publicado pela primeira vez em *Sign* (1976).

A reflexão de Nouwen sobre as três promessas que fez no seu aniversário de trinta anos de ordenação como padre é extraída do epílogo de *The Road to Daybreak* (1988) (*O caminho para o amanhecer*. Paulinas, 1999). Excertos adicionais são adaptados de *The Wounded Healer* (1972) (*O sofrimento que cura*. Paulinas, 2001), *With Burning Hearts* (1994) (*Corações ardentes*. Vozes, 1994), *Bread for the Journey* (1997) (*Pão para o caminho*. Loyola, 1999), *The Road to Daybreak* (1988) (*O caminho para o amanhecer*. Paulinas, 1999) e *Letters to Marc About Jesus* (1988) (*Cartas a Marc sobre Jesus*. Loyola, 1999).

Epílogo – Aonde vou partindo daqui?

"A Parábola dos Trapezistas" e a reflexão sobre ela são extraídas de *Our Greatest Gift* (1994) (*Nossa maior dádiva* – Meditação sobre o morrer e o cuidar. Loyola, 1997).

As fontes principais da espiritualidade emergente de Henri sobre o corpo incluem: "Our Story, Our Wisdom", em *HIV/Aids: The Second Decade*, de Robert Perelli e Toni Lynn Gallagher, (orgs.). (1995). Este artigo é a transcrição de uma palestra apresentada por Henri na Universidade Loyola, em 26 de julho de 1994; *Our Greatest Gift*: A Meditation on Dying and Caring (1994) (*Nossa maior dádiva* – Meditação sobre o morrer e o cuidar. Loyola, 1997); suas anotações pessoais inéditas sobre Aids (1990);

as anotações de 28 de dezembro, 24 de janeiro, 6 de março, 19 e 20 de maio e 9 de julho no diário em *Sabbatical Journey*: The Final Year (1997) (*O último ano sabático de Henri J.M. Nouwen*. Loyola, 2003) e "Bring Your Body Home", em *The Inner Voice of Love: A Journey Through Anguish to Freedom* (1996) (*A voz interior do amor*. Paulinas, 1999).

Permissões da edição original

Agradecemos pela permissão para republicar os seguintes excertos da obra anteriormente publicada de Henri Nouwen:

Excertos de *The Road to Daybreak*, por Henri Nouwen, *copyright* © 1988 por Henri J.M. Nouwen; *Compassion: A Reflection on the Christian Life*, por Henri J.M. Nouwen, D. Morrison e D. McNeill, *copyright* © 1982 por Donald P. McNeill, Douglass A. Morrison e Henri J.M. Nouwen; *The Return of the Prodigal Son*, por Henri Nouwen, *copyright* © 1992 por Henri J.M. Nouwen; e *Clowning in Rome* por Henri J.M. Nouwen © 1981 por Henri J.M. Nouwen são usados com a permissão da Doubleday, uma divisão da Random House e Darton Longman and Todd, Reino Unido.

Excertos de *Creative Ministry*, de Henri J.M. Nouwen, *copyright* © 1971 por Henri J.M. Nouwen e *Reaching Out* por Henri J.M. Nouwen, *copyright* © 1971 por Henri J.M. Nouwen; *The Return of the Prodigal Son* por Henri Nouwen, *copyright* © 1992 por Henri J.M. Nouwen são usados com a permissão da Doubleday, uma divisão da Random House.

Excertos de *Life of the Beloved: Spiritual Living in a Secular World* por Henri J.M. Nouwen, *copyright* © 1992 por Henri J.M. Nouwen e *Sabbatical Journey* por Henri J.M. Nouwen, *copyright* © 1998 pelo espólio de Henri J.M. Nouwen são reproduzidos com a permissão da Cross-road Publishing, por meio do Copyright Clearance Center.

Excertos de *The Way of the Heart*, por Henri J.M. Nouwen, *copyright* © 1981 por Henri J.M. Nouwen, são usados com a permissão da HarperSanFrancisco.

"The Beloved Prayer", de Arthur LeClair, de Centennial, Colorado, é usado com a permissão do autor.

Todos os esforços foram envidados para obter as permissões para os trechos citados nesta obra. Se algum reconhecimento exigido tiver sido omitido, ou algum direito ignorado, foi desintencionalmente. Favor notificar os editores sobre qualquer omissão, para que seja retificada nas próximas edições.